DEFENSE

DES PRESTRES

DE L'ORATOIRE

DE JESUS.

CONTENANT

LEUR REMONTRANCE

justificative au Chapitre
de Liege.

LA RE'PONSE AU LIBELLE

de Loüis Benoist.

&

LEUR INSCRIPTION

en faux contre une insigne calomnie répanduë dans plusieurs Ecrits,

A LIEGE,

M. DC. XCII.

REMONTRANCE JUSTIFICATIVE
DES PRESTRES
DE L'ORATOIRE
DE JESUS.

A MESSEIGNEURS
DU TRES-ILLUSTRE
& Tres-noble Chapitre de l'Eglise Cathedrale de Liege.

MESSEIGNEURS,

Si nous n'avions à parler à Vos Seigneuries que de la tres-humble Requête que nous avons eû l'honneur de leur presenter pour nôtre établissement, il seroit peut-être contraire au respect que nous leur devons de les importuner de nouveau ; & en adorant dans un humble silence les ordres de la Providence de Dieu nous nous serions soûmis à la Conclusion Capitulaire du

11. de ce mois sans en examiner ni les motifs ni les raisons. Mais il y a tant de circonstances qui nous persuadent que les calomnies avancées contre nôtre Congregation par une partie du Magistrat de Mons, ont fait une grande impression sur quelques-uns de Vôtre Illustre Corps, & ont eû beaucoup de part à la decision de nôtre affaire, qu'il nous est impossible de nous taire sans donner lieu à Vos Seigneuries de croire que nous nous sentons coupables des accusations horribles dont on s'est efforcé de nous noircir dans vôtre esprit. Ce que nous esperions de Vous, Messeigneurs, est une grace qui dépend de vôtre bonté, mais nôtre justification est une justice que nous devons à nôtre Congregation, qui seroit indigne non-seulement d'estre admise dans le Diocese de Liege, mais de servir l'Eglise, si les faits qui lui sont imputez dans la Réponse du Magistrat, avoient quelque fondement réel & veritable.

Il est vrai, Messeigneurs, qu'il semble par vôtre Conclusion Capitulaire que cette Réponse vous a paru si indi-

gne de toute creance, que vous n'avez
pas cru en pouvoir faire le fondement
de vôtre Resolution , & que vous
vous estes sentis même obligez de faire
entendre en quelque maniere que vous
n'y avez pas ajoûté foy. Mais permettez-nous de vous dire que quand on
viendra à faire reflexion sur la disposition si favorable & si pleine de bonté
pour nous , où vous vous trouvâtes le
premier de Février , lorsque sur la
proposition de Mr. le Baron de Surler,
vous voulûtes bien nous admettre par
un consentement unanime de Vos Seigneuries & avec des marques d'estime
que nous rougirions de mettre ici ; &
qu'on la comparera avec la disposition
si contraire du 11. Mars , sans qu'il
soit rien intervenu de nouveau dans
ces cinq ou six semaines , que les intrigues de nos adversaires , le Memoire
atroce qu'ils eurent la hardiesse de Vous
presenter, les voyages & les cabales de
leur Agent , l'entreprise irreguliere du
Magistrat de Mons & sa Réponse à
Vos Seigneuries dont il est fait men-
tion à la tête de vôtre Conclusion ,

Quand dis-je, on fera un peu de reflexion fur un changement fi furprenant dans toutes ces circonftances, il fe faudra faire une étrange violence pour ne le pas attribuer à l'impreffion que ces calomnies auront faites fur l'efprit au moins d'une partie de Vôtre Illuftre Corps. Sur tout quand on remarquera qu'en même temps cette exclufion eft pretextée des circonftances prefentes de la guerre qui apparemment ne durera pas toûjours, on nous exclut neanmoins pour toûjours, en arrétant que cette affaire ne pourra plus eftre proposée à l'avenir en Chapitre. Il fera donc aisé à nos envieux de donner une interpretation maligne à tout ce qui y paroît contraire dans la Conclu-fion, & de dire que l'on a voulu épar-gner l'Oratoire par ce tour moins affli-geant : & ceux-mêmes qui l'ont fug-geré ne manqueront pas de publier dans le monde, comme ils font déja, que nôtre exclufion eft un effet des chofes horribles que l'on a, difent-ils, décou-vertes dans nôtre conduite & dans nô-tre doctrine.

Il est vrai qu'elles sont horribles ces choses dont ils parlent : mais il est vrai aussi que ce sont des calomnies qui ne peuvent avoir été fabriquées que par un esprit diabolique. Et nous ne pouvons pas nous empêcher de dire , puisque la Verité même l'a dit par la plume de S. Paul , que comme il n'y a point de salut à esperer pour ceux qui en sont les Auteurs & qui les répandent , à moins qu'ils ne les rétractent, ceux qui les autoriseroient , & qui y consentiroient , s'exposeroient à la mort dont parle l'Apôtre * lors qu'il dit qu'on est digne de mort , non-seulement quand on fait le mal, mais encore quand on y consent.

Nous meriterions donc d'autant plus de perdre ce qui peut encore rester de bonté dans nous dans le cœur de Vos Seigneuries, si nous ne travaillions à dissiper ces calomnies , que rien ne nous est plus aisé que de le faire, pourvû que vous vouliez bien, Messeigneurs,

* *Plenos invidiâ ...... detractores. Qui talia agunt digni sunt morte ; & non solum ui ea faciunt, sed etiam qui consentiunt facientibus.* Rom. 1. 30. & 32.

vous donner la peine de parcourir ce que nous avons à Vous expoſer pour nôtre juſtification : & nous prenons la liberté de vous dire avec tout le reſ-pect que nous devons , que vous ne pourriez vous en diſpenſer ſans vous expoſer à violer l'équité naturelle & à pecher griévement contre la Loy de Dieu : puiſque l'une & l'autre nous oblige à nous deffendre de juger teme-rairement du moindre de nos freres , & à plus forte raiſon d'un grand nombre de Prêtres qui ont paſſé juſqu'à preſent pour irreprochables.

Mais comme il paroît par pluſieurs termes de vôtre Concluſion Capitu-laire que ceux qui ont entrepris de nous perdre dans vos eſprits , ont eû grand ſoin de vous donñer de fauſſes idées de nôtre Congregation & de ſon état , nous croyons devoir commencer cette juſtification par Vous en donner, Meſſeigneurs , une idée ſincere & veri-table en moins de paroles qu'ils nous ſera poſſible. Ce qui eſt d'autât plus ne-ceſſaire, que l'expoſition ſimple & toute nuë de nôtre état & de nôtre eſprit eſt

seule capable de détruire une grande
partie des calomnies de nos adversaires, & de convaincre même Vos Seigneuries, que les deux fondemens sur
lesquels est établie vôtre Conclusion,
nous conviennent si peu, que vous ju-
gerez vous-mêmes, comme nous l'espe-
rons, que nos adversaires vous ont sur-
pris d'une maniere fort indigne en vous
engageant par des rapports absolument
faux à révoquer la grace que Vous nous
aviez faite un mois auparavant avec
une generosité dont nous ne laisserons
pas de conserver toûjours le souvenir
avec une parfaite reconnoissance. Car
nous distinguerons toûjours bien ce
qui vient de la malignité de nos envieux, d'avec ce que Vôtre bonté vous
avoit inspiré pour nous ; & nous ne
desesperons pas de voir revivre celle-ci
à nôtre égard, quand nous aurons fait
tomber le masque dont l'envie s'est ca-
chée pour surprendre Vôtre Religion
& Vôtre Zele.

§. I.

De l'institution, de l'état, & de l'esprit de la Congregation de l'Oratoire de Jesus.

IL paroît, Messeigneurs, par vôtre Conclusion Capitulaire que l'on vous a fait prendre nôtre Congregation pour une Communauté de Religieux, & qu'on l'a confonduë avec les autres qui font trois vœux solennels; & il paroît d'un autre côté par vôtre lettre au Magistrat de Mons, qu'on vous l'a represétée comme une Communauté tout à fait differente de celle de l'Oratoire de Rome instituée par S. Philippe de Neri. Il n'en faudroit pas davantage pour vous faire voir, Messeigneurs combien est peu recevable le témoignage de ceux qui vous ont parlé contre nous; puisque rien n'est plus faux que l'idée qu'ils s'en fôt faite & qu'ils vous en ont voulu donner, & qu'ils ont ignoré; ce qui est connu de tout le monde, que la Congregation de l'Oratoire est essentiellement differente des Commu-

nautez Religieuſes ; quoi qu'elle con-
vienne avec elles en beaucoup de choſes moins capitales ; & qu'au contraire
nous convenons dans l'eſſentiel avec
l'Oratoire de S. Philippe , & que nous
n'en ſommes differens que dans quelques circonſtances moins principales.
Et ce qui eſt encore bien remarquable,
eſt que pour vous faire perdre l'opinion
que vous pouviez avoir de l'utilité de
nôtre Congregation , en lui oppoſant
l'Oratoire de Rome , ils vous ont fait
entendre que nous ne faiſons pas ce que
ces excellens Prêtres de S. Philippe
font, diſent-ils, *en inſtruiſant & exerçãt*
ceux qui aſpirent à l'Etat Eccleſiaſti-
que, aux ſacrez Ordres & aux Benefices
qui ont charge d'ames. Car c'eſt juſte-
ment ce que ne font point les Peres de
l'Oratoire de Rome, qui n'ont point de
Seminaires où ils puiſſent former les
jeunes Eccleſiaſtiques à l'eſprit de leur
vocation ; & que c'eſt au contraire ce
qui eſt la principale fonction de nôtre
Congregation ſelon le deſſein de ſon in-
ſtitut , & ce que nous faiſons effectivement dans un grand nombre de Semi-

naires dont Nos Seigneurs les Evêques.
nous ont confié la direction & la conduite.

Pour donc vous faire connoître, Messeigneurs, ce que nous sommes dans la
verité, l'état de nôtre Congregation est
purement Ecclesiastique & Clerical, &
ceux dont elle est composée ne sont &
ne peuvent estre liez d'aucuns vœux
Monastiques & Religieux, mais sont
simplement & essentiellement du corps
du Clergé, tel que Jesus-Christ l'a in-
stitué dans les Apôtres & leurs Succes-
seurs. En cela ils sont differens des Religieux, qui sont liez par les SS. vœux
de Religion. Mais ils leur sont sembla-
bles par la vie sociale dont ils font profession, par l'ordre d'un gouvernement
qui a divers degrez de superiorité, par
la dépédance, quoique sans vœux, qu'ils
ont de Superieurs, par des reglemens
qui concernent la pieté & la discipline
interieure du corps, tels qu'en ont toutes sortes de Communautez mêmes ci-
viles & politiques, & enfin par tous les
autres secours qui sont attachez à la
vie des personnes de Communauté &
des Societez reglées.

Ils conviennent, comme nous avons déja dit, avec l'Oratoire de S. Philippe dans l'essentiel, qui est d'être de l'Ordre Sacerdotal sans avoir le lien des vœux solennels, & de former une Communauté Ecclesiastique soûmise immediatement aux Evêques pour toutes les fonctions Hierarchiques, sans exemptions, sans privileges, & dans une parfaite dépendance de l'autorité Episcopale : & ils ne different de cette sainte Communauté, que par quelques reglemens, exercices & fonctions exterieures, qui y sont établies par rapport aux pays & à l'utilité publique, & par la forme du gouvernement, les maisons de l'Oratoire de S. Philippe faisant chacune un corps detaché qui n'a rapport qu'à son Superieur particulier : ce qui n'a pas paru si propre à conserver par tout l'uniformité & à maintenir le bon ordre & la discipline.

C'est sur le modele de cette venerable Communauté que M. de Berulle, depuis Cardinal de la Ste Eglise Romaine, forma l'Oratoire en l'an 1611. aprés y avoir été obligé par le commandement exprés de son Evêque, qui étoit celuy de Paris. Sa pieté & son merite extraordinaire l'avoient uni intimement à S. François de Sales ; qui dit dans une de ses Lettres, que M. de Berulle étoit tel qu'il souhaitoit d'être luy-même:& comme cet excellent Prêtre avoit conspiré par ses prieres & par ses conseils avec S. François de Sales pour l'établissement de l'Ordre de la Visitation ; ce grand Saint s'unit aussi par ses vœux & par ses avis avec M. de Berulle,& pour l'établissement des Religieuses Carmelites de Ste Therese en France qui le reconnoissent pour leur Pere, & pour la formation de la Congregation des Prêtres de l'Oratoire, dont il a été l'Instituteur & le Fondateur par l'autorité du S. Siege Apostolique & des Bulles du Pape Paul V. Aussi bien que par l'ordre de son Evêque.

Comme ce n'est point par mépris qu'il n'a pas introduit dans sa Congregation tous les usages & toutes les pratiques de l'Oratoire de Rome , mais pour rendre son œuvre plus utile à l'Eglise ; c'est encore moins par aucune

opposition ni aucun dégoût, qu'il n'y a
pas fait faire de vœux Monastiques &
Religieux ; mais parce que cela ne con-
venoit pas au Clergé ni à l'état purement Ecclesiastique. C'est faute d'a-
voir cette vûë que quelques Religieux
au commencement en ont pris quelque
ombrage : mais ils pouvoient considerer que ç'eût été confondre deux desseins & deux états differens , & s'éloi-
gner du projet des Evêques qui étoient
entrez dans celuy de l'établissement de
l'Oratoire. Car comme Dieu a inspiré
dans ces derniers tems à de grands Religieux la pensée de travailler à la Re-
formation des Ordres Reguliers qui
étoient déchûs de la sainteté de leur
profession ; ainsi il avoit mis dans le
cœur de ces Evêques & de M. de Berulle le desir de travailler à la réformation du Clergé sur les idées du Concile
de Trente & de S. Charles Borómée.
Ils crurent qu'une Congregation de
Prêtres unis ensemble dans un même
corps pour s'aider mutuellement à se
perfectionner eux-mêmes , & à se rendre utiles au service du prochain par les

fonctions du sacré Ministere , & sur-
tout par l'institution des Seminaires
Ecclesiastiques, pourroit beaucoup con-
tribuer à ce dessein. Ils jugerent bien
qu'il étoit necessaire qu'elle n'eût rien
qui fit changer de condition aux Ecclesiastiques qui se trouveroient portez,
non à changer d'état , mais à chercher
des secours pour travailler à la perfection de leur état. Et ils suivirent en cela
les vûës des premiers Reformateurs du
Clergé ; qui en considerant que JESUS-
CHRIST avoit luy-même formé dans les
Apôtres la premiere Congregation Ecclesiastique , dont il étoit le Chef, &
qu'il avoit insinué par là que la vie sociale étoit comme naturelle à l'état Ecclesiastique & fort propre à en conserver l'esprit , avoient aussi choisi ce
moien pour faire revivre & pour entretenir dans les Clercs l'esprit de leur vocation, comme ils firent en formant ces
corps Ecclesiastiques, d'où sont descen-
dus les Chapitres des Eglises Cathe-
drales & Collegiales, où il est certain
que l'on menoit autrefois cette sorte de
vie , & d'où même sont nez depuis , les

Congregations de Chanoines Reguliers, qui en ont été comme des Refor-
mes.

Au reste M. de Berulle étoit si éloi-
gné d'avoir de l'aversion des vœux, qu'il
avoit ardemment desiré luy-même de
se consacrer à Dieu dans une Religion,
& que ce fut par le conseil d'un excellent Religieux son Directeur, qu'il en
fut détourné ; parce qu'il connut que
Dieu l'appelloit à autre chose. Il con-
serva toûjours depuis & inspira à ses
enfans un grand respect pour cét état,
& outre le soin qu'ils ont d'entretenir
avec tous les Religieux une bonne
intelligence & une grande union de
charité, ils ont même une liaison particuliere d'amitié & de confederation &
une Societé de prieres & debonnes œuvres avec plusieurs saints Religieux,
comme avec les PP. Benedictins, les
PP. Feüillans de l'Ordre de Cisteaux &
les Chanoines Reguliers.

Comme ce pieux Cardinal sçavoit
que trois choses doivét estre excellem-
ment dans les Ecclesiastiques qui tra-
vaillent à la perfection & dás eux-mê-

mes & dans les autres, l'esprit de priere
un ardent amour envers JESUS-CHRIST,
la connoiffance de fa Religion & de fon
Evangile , il voulut marquer ces trois
obligations à fes enfans. 1. En donnant
à fa Congregation le nom d'ORATOI-
RE, qu'il emprunta de l'Oratoire de Rome. 2. Il y ajoûta celui DE JESUS,
tant pour les faire fouvenir qu'ils devoient être tout confacrez à JESUS-
CHRIST, à fes deffeins , à fes œuvres,
à fon Eglife; que pour leur marquer encore le deffein particulier qu'il avoit,
comme on le voit dans la Bulle de leur
Inftitution, de les appliquer à J. C. paf-
fant les nuits en priere pour les pecheurs ; le modele en cela des Prêtres,
qui doivent auffi beaucoup gemir pour
les ames dont ils font chargez , & paffer même une partie de la nuit , felon
l'Efprit des Offices de l'Eglife à prier
Dieu pour cette divine Epoufe de J. C.
& à loüer fa divine Majefté de fes graces & de fes mifericordes. Et 3. enfin
la lecture de la parole de Dieu , & fur
tout du nouveau Teftament, eft encore
une des pratiques qu'il leur a recommandées avec plus de foin , pour y ap-

prendre la Religion Chrétienne & les Regles de l'Evangile. Outre que leurs conversations d'aprés le repas sont moins des recreations , que des conferences qu'ils ont entr'eux sur l'Ecriture sainte , dont on y propose toûjours plusieurs difficultez : ce qui leur sert d'un entretien tres-utile, qui leur fait mettre à profit le tems même que l'on passe le plus inutilement dans le monde.

Par rapport à ces trois mêmes devoirs 1. Ils commencement toûjours la journée par faire tous ensemble dés 4. heures & demie du matin une heure de priere & de meditation sur la vie , les mysteres ou la parole & les maximes de Jesus-Christ , comme ils la finissent aussi toûjours par des prieres en commun. 2. Ils font profession particuliere d'honorer les mysteres du Sauveur , & de faire toutes leurs actions & accomplir tous leurs desseins par rapport à Jesus-Christ & dans la vûë de quelque circonstance de sa vie ou de ses vertus & dispositions interieures. 3. C'est une pratique qu'il leur a laissée de lire tous les jours un chapitre de

son Evangile avec une attention &
un respect singulier ; & de n'être jamais sans le livre adorable du nouveau
Testament.

LA PIETE' envers la sainte Mere
de Dieu est une suite de celle qu'ils ont
pour son Fils. Ils ne les separent jamais,
comme on le voit même dans leur cachet , & pour ainsi dire dans leurs armes, où le Nom sacré de JESUS & celui de MARIE sont gravez ; mais ce-
lui-ci sous le premier, & d'un caractere
beaucoup plus petit , pour marquer la
difference infinie qu'il faut toûjours
mettre entre le Createur & la plus parfaite même des creatures. Ils jeûnent
toutes les veilles de leurs Festes ; en
ont deux solennelles approuvées par le
S. Siege & qui leur sont propres. L'une
est la feste de JESUS-CHRIST, consideré dans sa Personne divine , & dans
ce divin composé de l'Homme-Dieu ,
en qui se sont accomplis tous les Mysteres de nôtre salut. L'autre est la feste
de la sainte Vierge consideréee aussi,
non en quelqu'un de ses mysteres particuliers , que l'Eglise celebre dans ses

solennirez , mais dans sa personne même , & principalement dans sa Mater-
nité divine , qui est sa qualité la plus
glorieuse & le fondement de tout ce
qu'elle a reçû de dons , de graces & de
gloire , & ils en font aussi un Office
tous les mois. Ils font même plusieurs
autres festes particulieres en son honneur , comme celle qu'on nomme de
l'Exspectation ou de l'Attente de la
Vierge , & celle de ses Douleurs, dite
ordinairement Nôtre-Dame de pitié.
Ils font octave de celle de la Visitation.
Ils rendent tous les jours quelque hom-
mage premierement au Fils,& puis à la
Mere par des Prieres publiques, où ils
honorent nommément sa qualité de
Mere de Dieu. Et outre tout cela, comme c'est un de leurs Reglemens les plus
recommandez , de se presenter tous les
jours plusieurs fois à Dieu pour lui rendre les devoirs interieurs d'adoration ,
d'oblation d'eux-mêmes , d'amour envers lui & de rapport à sa gloire de toutes leurs actions & de tout ce qu'ils
font; & qu'ils font la même chose à l'é-
gard de JESUS-CHRIST vrai Dieu

& vrai homme ; ils ont soin à proportion de rendre à la sainte Vierge des devoirs , non d'adoration , mais d'un profond respect envers sa dignité *surexcellente de Mere de Dieu* , comme ils la nomment ; d'honneur envers toutes ses vertus , qu'ils regardent comme leur modele aprés celle de JESUS-CHRIST ; d'une humble invocation, & d'une confiance filiale envers celle qu'ils reconnoissent pour leur Mere & leur Protectrice auprés de son Fils.

Outre l'honneur qu'ils rendent aux Saints avec toute l'Eglise,& la confiance qu'ils leur témoignent en les invoquant avec elle , il font une grande fête de S. Philippe de Neri comme le premier Instituteur de l'Oratoire. Ils ont encore des Saints particuliers qu'ils honorent, à cause du rapport singulier & de la part qu'ils ont eûë aux Mysteres de JESUS-CHRIST, comme S. Simeon, sainte Anne la Prophetesse , S. Lazare , S. Joseph d'Arimathie & les saintes Femmes qui accompagnerent la Vierge durant la Passion de son Fils , & plusieurs autres. On peut juger par là combien ont mal pris leurs mesures ceux qui se sont avisez de faire courir le bruit que ceux de cette Congregation ne croyoient pas que la sainte Vierge soit Mere de Dieu, ou qu'ils manquent à quelque chose de l'honneur que l'Eglise veut qu'on luy rende preferablement à tous les autres Saints, au dessus desquels elle est élevée: puisqu'ils vont même au delà de ce que l'on fait communément dans l'Eglise pour l'honorer.

Pour ce qui est de leur doctrine, ils n'en ont aucune de particuliere. Celle de l'Eglise est la leur, ses Docteurs sont leurs maîtres, & s'ils ont plus d'attachement pour quelques-uns d'entr'eux que pour d'autres, ce n'est que parce que l'Eglise & le S. Siege les obligent d'y en avoir davantage.

Comme ils lisent & méditent beaucoup l'Evangile, qui est la Regle des Chrétiens, c'est aussi cette regle qu'ils ont plus en vûë dans la conduite des ames, en distinguant toûjours ce qui est d'obligation d'avec ce qui est de conseil & en s'accommodant à la foiblesse des pecheurs cóformément a l'esprit & aux

Regles de l'Eglise , aux Ordonnances
du Concile de Trente, du S. Siege Apostolique , & de celles que le grand saint
Charles Borromée a renouvellées si sa-
gement dans le dernier siecle, & que les
Papes & les Evêques nous ont si particulierement recommandées.

Cette Congregation loin d'être à
charge au public lui est au contraire
d'un assez grand secours ; parce qu'il
n'y a point de communauté qui le serve
plus gratuitement & avec un desinte-
ressement dont tout le monde soit plus
persuadé. Le peu de bien temporel qui
se trouve dans leurs maisons en est un
témoignage ; & il y en a qui souvent
ne pourroient pas subsister sans le secours des particuliers du corps. Car
dans ce corps ceux à qui la Providence
a donné du bien n'ont garde de manger
le pain des pauvres : & ceux qui n'en
ont point , ont droit de subsister du pa-
trimoine de la Congregation , sans que
cette difference en mette aucune autre
entre ces deux sortes de sujets , en qui
on considere principalement le merite
de la pieté & du zele pour le service de

l'Eglife. On y eft perfuadé que les plus
pauvres apportent beaucoup à la Congregation, quand ils y rapportent une
bonne volonté & qu'ils la foûtiennent
par leur bon exemple : & il eft certain
que les riches n'emportent rien à leurs
familles ; parce que le bien qu'ils font
aux pauvres ou du dedans ou du dehors
durant leur vie, n'eft que leur épargne,
& que l'effet de la vie frugale & mode-
fte de l'Oratoire, & qu'aprés leur mort
leurs biens paffent à leurs legitimes he-
ritiers.

On vit dans cette Congregation avec
une grande douceur les uns avec les autres ; parce que le gouvernement y eft
fort doux, & la charité le feul lien qui
en unit les membres les uns aux autres & qui les conferve dans le corps.
Ces membres ne font pas des Anges ;
ce font des hommes qui ont leurs de-
fauts : mais la charité y fupporte ceux
qui font fupportables, & la liberté que
l'on a d'en fortir déti . . bien-toft la
Congregation de ceux qui n'aiment
point l'ordre & la difcipline, ou par une
retraite volontaire, ou par une expul-

fion qui n'eft que pour les incorrigibles
& les fcandaleux : dont Dieu merci il y
a peu d'exemples.

La douceur & l'honnêteté de cette
vie de l'Oratoire , fon état purement
Ecclefiaftique,& la liberté qu'on y a dé
la pratique des confeils Evangeliques,
quoi que fans vœux , comme les Religieux : tout cela y attire des fujets d'un
âge meur, qui y viennent chercher une
honnête retraite, & des Ecclefiaftiques
mêmes de merite qui s'y viennent mettre à l'abry de beaucoup d'obftacles à
l'étude & à la perfection Ecclefiaftique
que l'on trouve ordinairement dans
l'embaras d'une famille du monde.

Ceux qui y demeurent n'y tiennent
donc que par leur fidelité à leur vocation ; & quelque peu de talens qu'ils
ayent , il y a dans la Congregation dequoi les occuper, parce qu'il n'y a point
d'emplois dans l'Eglife qu'elle n'em-
braffe avec joye , quand elle y eft ap-
pellée. Les Seminaires, les Colleges, les
Cures , les Retraites, les Predications,
la Confeffion , les Miffions , les Catechifmes, la Theologie, la Philofophie
&

& les autres sciences humaines , leur donnent moien de recevoir toutes sortes de sujets & de les occuper au travail dans la vigne du Seigneur sous l'autorité & par l'ordre des Evêques.

C'est dans ces fonctions publiques & dans l'étude sainte des veritez Chrêtiennes & Theologiques qu'elle se renferme : & graces à Dieu entre les diverses calomnies dont Dieu a permis que les Prêtres de l'Oratoire aient été exercez jusqu'à present , on n'a pas crû encore leur pouvoir reprocher avec la moindre couleur qu'ils perdent le tems à faire la Cour aux Grands de la terre, qu'ils se mêlent d'intrigues , qu'ils se fourrent dans les familles pour en savoir les secrets & les gouverner , ou qu'on les voie dans les ruelles ou dans les conversations mondaines : & on leur rend encore ce témoignage dans tous les Tribunaux de Justice , qu'il n'y a point de communautez qui soient moins processives que celle de l'Oratoire.

Voilà un portrait assez naturel de cette Congregation : & elle se flâte qu'il y a beaucoup de personnes de merite dans le monde qui feront toûjours prêts à rendre un témoignage favorable de fa conduite & de fa maniere d'agir fincere, paifible & defintereffée.

§. II.

Réponfe à ce qu'on objecte aux Prêtres de l'Oratoire de Mons fur leur état, leur Inftituteur, & la réfidence de leur General en France.

NOus ne devons pas aller plus loin fans vous faire remarquer, Meffeigneurs, la malignité du premier point de la prétenduë Information du Magiftrat de Mons, qui concerne l'Inftitut de l'Oratoire, *Ils nous ont dit,* (c'eft ainfi qu'ils font parler leurs dépofans) *que les Peres de l'Oratoire qui font en cette Ville(de Mons) font de la fondation particuliere du Cardinal de Berulle François ; qu'ils ont leur General en France, d'où ils tirent les Predicateurs & autres de leur Congregation en cette Ville & quelques autres des Pays-bas... & qu'on les nomme Berulliftes du nom dudit Cardinal.*

1. Ce dernier fait eſt ſi notoirement faux, que ſi on conſulte le commun du monde, il ne ſe trouvera peut-être perſonne qui nous ait jamais oüi nommer ainſi, ſinon peut-être par nos adverſaires, qui affectent de le faire par mépris. Nous ne rougirons point de porter ce nom, qui nous eſt venerable ; mais nous ne l'avons jamais porté ; parce que ce ſaint Prêtre avoit un trés-grand éloignement de tout ce qui pouvoit ſervir à faire paſſer à la poſterité ſon nom & ſa memoire. Il nous a appris à regarder JESUS-CHRIST comme nôtre principal & même unique Fondateur & Inſtituteur ; parce qu'il l'eſt du Sacerdoce de la nouvelle Loy, & que c'eſt l'eſſentiel de nôtre état d'être Prêtres de JESUS-CHRIST par la participation de ſon Sacerdoce divin ; de rendre à la perfection & à l'eſprit de la Prêtriſe, & de travailler à y faire entrer les autres. Pour lui, il ſe regardoit comme un inſtrument dont Dieu s'étoit bien voulu ſervir pour aſſembler quelques Prêtres & les unir par une ſainte Societé dans le deſſein de s'acquitter de

ces devoirs que nous venons de marquer. Nôtre vrai nom est donc celui
de *Prêtres de l'Oratoire de* J e s u s ; &
ceux qui nous ont d'abord appellez *Pe-*
res ne l'ont fait que parce que c'est un
nom que l'on donnoit autrefois communément à tous les Prêtres ou Pasteurs, comme on le leur donne encore
dans le *Confiteor* & dans d'autres prieres de l'Eglise. Et c'est par la même raison de l'usage qui étoit alors, que l'ha-
bit commun de tous les Prêtres que
ceux de l'Oratoire prirent dans leur
commencement, & qu'ils n'ont point
crû devoir changer selon les modes
nouvelles, les distingue aujourd'huy en
quelque chose des Ecclesiastiques qu'on
nomme Seculiers.

2. Je ne say, Messeigneurs, si vous
avez compris ce qu'ils ont voulu dire
par ces mots de *Fondation particuliere*
du Cardinal de Berulle. S'ils prétendent
qu'il l'a fait de son autorité particuliere, c'est une fausseté si visible qu'elle ne
merite pas d'être refutée : puisque toutes les Puissances Ecclesiastiques & Seculieres, les Papes, les Evêques & les

Rois l'ont autorifé en toutes les manieres les plus Canoniques & les plus Juridiques, pour travailler à cette œuvre. L'Oratoire n'eft donc pas plus de la fondation particuliere du Cardinal de Berulle, que la Societé des Jefuites eft de la Fondation particuliere de S. Ignace ; & l'Oratoire de Rome de la Fondation particuliere de S. Philippe de Neri.

3. Ils ont crû rendre l'Oratoire fort méprifable, en difant que fon Inftituteur n'eft pas *Saint*. S'ils veulent dire qu'il n'eft pas canonifé, cela eft vrai : mais voudroient-ils que l'on eût eû peu d'eftime pour le faint Ordre des Chartreux avant la Canonifation de S. Bruno qui ne s'eft fait que fort tard ? L'Ordre des Jefuites a-t'il été méprifable durant plus de 80. ans & jufqu'à l'an 1622. où S. Ignace fut mis au rang des Saints que l'on peut invoquer publiquement : Ils ne fçavent point ce qui arrivera du Cardinal de Berulle. Que s'ils veulent dire qu'il n'a pas mené une vie fainte, ils ignorent combien a été grande la reputation de Sa Sainteté dans l'Eglife. Sa vie écrite par plufieurs Auteurs

fait voir en lui une pieté qui assurément n'étoit pas commune. Le Pape Urbain VIII. qui le fit Cardinal l'appelloit *un Ange* : & S. François de Sales, qui sans doute a desiré d'être Saint, a semblé, comme nous l'avons remarqué, borner ses desirs à ressembler à M. de Berulle. Enfin si on doit juger de l'arbre par le fruit qu'il a porté, Dieu a donné à ce grand Cardinal des Enfans qui ont répandu une trés-grande odeur de sainteté dans l'Eglise : & entre ceux-là le saint Evêque de Marseille Jean Baptiste Gault, élevé dans l'Oratoire de la main de son Instituteur, s'est rendu celebre par des miracles si surprenans & en si grand nombre, qu'une Assemblée du Clergé de France a déja écrit il y a 40. ans au S. Siege pour luy demander sa Canonization.

4. Mais il étoit François. S. Bernard & S. Loüis l'ont aussi été ; & beaucoup d'autres Saints avant & aprés eux. C'est une puerilité à quiconque a dressé cette Réponse du Magistrat de Mons d'avoir fait cette belle remarque. Mais tout leur est bon pourvû qu'on l'emploie contre l'Oratoire.

5. Ils ajoûtent que l'Oratoire de Mon's tire de France ses Prédicateurs & autres de leur Congregation en cette Ville, & quelques autres des Pays-bas. Il n'est pas vrai que cela se fasse. Quelques-uns y peuvent être venus & y avoir prêché durant la paix : qu'y a t'il-là de mal, & que toutes les autres Communautez n'aient pas fait sans scrupule ? mais pour ce qui est des sujets, il est faux qu'on les tire de la France. Cela est connu de tout le monde.

6. Enfin *ils ont*, disent ces Messieurs, *leur General en France.* C'est leur grande objection, & surquoi nos adversaires ont fait plus d'instance & auprés de vos Seigneuries & auprés d'autres Puissances. Nous avons peine à croire que quelqu'un de vôtre Illustre Corps, Messeigneurs, en ait été touché ; parce que si cette raison devoit avoir quelque forte, on en tireroit des consequences trésfâcheuses, & qui iroient à faire dans tous les Etats des mouvemens tréspréjudiciables & à la paix de l'Eglise & au repos des Etats mêmes.

Car 1. Que seroit-ce s'il failloit ex-
B iiij

clure aujourd'huy des Etats qui font en guerre avec la France; tous les Chartreux, tous les Religieux & les Religieufes de Cifteaux, les Prémontrez, les Trinitaires, les Religieux de l'Ordre de Grammont, de S. Antoine de Viennois, & peut-être encore d'autres? Que diroient les Carmes, les Dominicains & les Jefuites de Liege; fi fous ce pretexte on les obligeoit de fortir de cet Etat, parce qu'ils ont leurs Provinciaux fous la Domination de la France?

2. Je ne fay fi ces bonnes gens du Magiftrat de Mons, qui font les entendus en matiere de Politique, ne meriteroient pas une correction de la part des Miniftres de Sa Majefté Catholique, pour fe mêler ainfi de jetter par leurs belles fpeculations, des femences de défiance entre les fujets de l'état, & de les vouloir rendre fufpects les uns aux autres fur des pretextes auffi vains & auffi chimeriques que celui-là; dans un tems où ils devroient au contraire travailler davantage à les conferver dans une plus grande union, afin de confpirer tous enfemble au falut de la patrie avec plus de zele.

3. Je laisse encore à penser, si on suivoit leurs idées, & si les peuples entroient dans leur esprit, quel desordre on ne verroit pas dans les Dioceses de toutes les frontieres ennemies. Les libertins, ne manqueroient pas de se revolter contre leurs Evêques, ou contre ceux qui les gouvernent sous leurs ordres & par leur autorité, sous pretexte qu'ils ont leur residence dans des pays ennemis ; & que les Pasteurs, les Vicaires generaux, les Officiaux, sont mis de leur main & par leur choix. Les sages voient bien où tout cela pourroit conduire. Et ceux qui considereront avec combien peu de respect & de soumission les auteurs de la prétenduë information parlent de Monseigneur l'Archevêque de Cambray en ce qui concerne plus directement son ministere, n'auront pas de peine à s'appercevoir qu'ils confirment par leur exemple les maximes qu'ils inspirent par leurs Ecrits.

4. Les Religieux de France qui ont leurs Provinciaux ou leurs Generaux dans l'Etat de Liege ne sont pas fort obligez à ces donneurs d'avis. Car si les

françois s'avifoient de cette efpece de reprefailles , n'auroient-ils pas autant dé droit d'avoir pour fufpects les Religieux de leur Royaume , qui ont leurs Generaux dans cet Etat ou dans les autres ; que ceux-ci de fe défier des Communautez qui ont leurs Generaux en France.

5. Ces foupçons , que ce Magiftrat veut faire naître dans les efprits, & dont il fait un des fondemens de fes perfecutions , eft d'une terrible confequence pour les Catholiques de Hollande : & cet Etat , étant proche de ceux de Liege & du Pays-bas Efpagnol , il eft d'une extréme importance de ne lui pas donner l'exemple d'une défiance & d'une conduite qui iroient à faire chaffer de ces pays heretiques tous les ouvriers & les Miffionnaires des Ordres Religieux. Car que feroit-ce , fi les Etats Generaux venoient à foupçonner la fidelité de ces Religieux , fous pretexte que les uns ont leurs Superieurs dans des Etats étrangers ou ennemis , & que d'autres même ont leurs Generaux à Rome, qui à leur égard eft pis qu'étran-

ger & qu'ennemi, à cause de la difference de Religion. Jusqu'ici les Etats
en ont bien usé : &, sans parler des Religieux , quoique les deux derniers
Evêques qui ont gouverné cette Eglise , & Monseigneur l'Archevêque de
Sébaste qui y est aujourd'huy Vicaire
Apostolique , aient été de l'Oratoire de
France & y aiant même demeuré, ils
n'ont pas crû devoir prendre ombrage
à leur égard ; sous pretexte que le General de l'Oratoire est en France.

6. L'Oratoire de Mons est sans con-
tredit celle de toutes les Communautez sur qui doit moins tomber ce soup-
çon dont on se sert pour les accabler :
parce que la dépendance qu'ils ont
de leur General est la moindre de toutes. Ils ont pour lui tout le respect &
toute la soûmission qu'ils sont obligez par la loy de Dieu d'avoir pour leur
Superieur. Mais la dépendance qu'ils
ont de luy n'est point immediate :
Elle ne regarde immediatement que
le Prevôt : & cela presque dans un
seul point, qui est de recevoir de luy
par une lettre la confirmation de son

él ction , aprés qu'elle a été faite par
ceux du Pays.

7. Il n'y a aussi personne qui ne sa-
che combien l'autorité des Generaux
& des Provinciaux des Ordres Religieux est plus absoluë & plus indispen-
sable , que celle d'un General de l'Oratoire à l'égard de ses inferieurs. Le vœu
d'obeïssance est pour les premiers un
lien indissoluble, auquel peut être joint
la peine d'excommunication ; & cette
dépendance dans des ames timides, scru-
puleuses, ou peu éclairées peut aller bien
loin en matiere d'obeïssance. Comme il n'y a point de vœu d'obeïssance
dans l'Oratoire, & qu'il n'y a rien d'im-
perieux dans son gouvernement , on
peut juger s'il y a quelque chose à craindre de la part d'un General, quand il seroit capable de vouloir inspirer quelque
chose contre leur devoir à des étrangers
qui sont attachez à leur Prince & à leur
Patrie par une fidelité & un amour
qu'ils ont sucé avec le lait. Ces Messieurs
du Magistrat sont assurez en leur conscience qu'il n'y a rien à craindre : & ils
devroient bien plûtôt imiter la confian-

ce que le Roy a toûjours euë dans la fidelité de tous ſes Sujets , que de ſe donner tant de mouvement pour inſpirer même aux Etats alliez de leur Souverain de la défiance à l'égard des Sujets de Sa Majeſté; & cela pour ſatisfaire leur propre paſſion & ſe rendre les eſclaves & les miniſtres de celle des autres.

8. Cette paſſion les a tellement aveuglez qu'ils n'ont pas vû que leur raiſonnement alloit à prouver tout le contraire de ce qu'ils vouloient prouver. Car la dépendance qu'à le Prevôt de l'Oratoire de Mons de ſon General conſiſtant dans la confirmation de ſon élection , c'eſt à dire dans une lettre qu'il en reçoit de trois ans en trois ans, n'eſt pas comme l'on voit dequoi s'alarmer ; mais la dépendance qu'ont du Prevôt même les maiſons qui ſont ſur la France , eſt ſans comparaiſon plus grande ; puiſque c'eſt luy qui établit de ſa ſeule autorité les Superieurs , qui reçoit les ſujets , qui fait les viſites, qui en un mot donne tous les ordres & gouverne abſolument. Cependant la France toute delicate & défiante qu'elle

eſt pour ce qui touche ſes interêts, n'eſt jamais entrée en ſoupçon de ce Prevôt. C'eſt qu'en effet il n'y a rien à craindre de part ni d'autre , tant par les raiſons marquées cy-deſſus , que parce que les Prêtres de l'Oratoire ſont connus pour tres-fidelles à leurs Princes naturels, étant inſtruits à faire de leur fidelité une partie de leur Religion.

9. Mais ce qui eſt fort à conſiderer en cette occaſion , c'eſt que ces Meſſieurs de Mons ne ſe ſont pas ſouvenus que l'Oratoire eſt déja établi dans le Dioceſe de Liege depuis fort long-tems, c'eſt à dire à Thuin , qui eſt pour ainſi dire à leurs portes. Il n'eſt donc plus queſtion de les recevoir dans le Dioceſe. Ils y ſont depuis plus de 30. ans : & la fidelité qu'ils ont toûjours euë par le paſſé pour S. A. leur Prince & pour l'Etat, eſt un garand de celle qu'on doit attendre d'eux pour l'avenir.

Nous nous ſommes peut-être trop étendus ſur les points que nous venons de traiter. Mais il nous a ſemblé, Meſſeigneurs, qu'il étoit de nôtre devoir de faire connoître à Vos Seigneurs nôtre

Inftitut, nôtre Fondateur, nôtre état, nôtre maniere de vivre & nôtre efprit, pour empêcher nos adverfaires de nous pouvoir faire paffer pour autres que nous ne fommes, & pour lever en même tems toutes les difficultez qui pourroient naître des fauffes idées qu'il paroît qu'on vous a fait prendre de nous. Car vôtre Conclufion Capitulaire eft uniquement fondée fur ces trois fuppofitions.

*1. Que le tems de la guerre & fes circonftances ne fouffre pas nôtre établiffement : par la crainte, fans doute, que nôtre maifon ne fût à charge au public, ou à caufe de la refidence de nôtre General en France.

2. Que la multitude des Monafteres étant déja fort grande dans la Ville & dans le Diocefe, c'étoit en augmenter

---

* *Tantummodo præfentis belli tempora & circumftantias prout & multitudinem Monafteriorum in hac civitate & patria exiftentium nec non variorum Capitulorum Generalium decreta admiffionem novorum Monafteriorum prohibentia confiderantes, diffis decretis inhærendum, &c.*

encore le nombre , & multiplier les in
conveniens qui en peuvent naître.

3. Que les Decrets des Chapitres Generaux de Vôtre Illuftre & Noble Corps
aiant défendu l'érection des nouveaux
Monafteres , vous vous croyiez obligez
de vous y arrêter.

Or il eft vifible : Meffeigneurs , par
l'expofé de nôtre état & de la dépendance que l'Oratoire de Mons a du General de France , qu'il n'y a aucune de ces
confiderations qui nous regarde.

Car 1. nôtre état n'étant point Mo-
naftique, ni nôtre communauté un Ordre Religieux , mais une Congregation
purement Ecclefiaftique ; nôtre établiffement loin d'être à charge au public , lui eft au contraire avantageux :
puifque non feulement la maifon feroit
fujette aux charges publiques , comme
les Chapitres & les autres Corps purement Ecclefiaftiques;mais même les particuliers , ou qui étant de la Ville y auroient du bien , ou qui venant d'ailleurs
y en pourroient acquerir & y tranfpor-
ter le leur , porteroient tous leur part &
portion des charges publiques : outre la

dépense qu'ils y feroient , les aumônes qu'ils y pourroient répandre , & les autres secours spirituels & temporels qu'ils pourroient apporter à la Ville. Ainsi la conjoncture de la guerre ne s'oppose point à leur établissement : on peut dire plûtôt qu'elle la favorise , tant par ces raisons , que parce que ce fleau étant envoié de Dieu pour la punition des pechez des peuples , & les invitant de sa part à se convertir & à faire penitences on ne peut leur procurer trop de secours, pour les y porter & les aider à la faire, ni avoir dans la Ville trop de personnes qui levent leurs mains & leurs cœurs vers le Ciel pour en attirer la grace & la misericorde de Dieu sur son Prince & sur ses sujets.

2. Il s'ensuit de là qu'il y a une tres-grande difference entre la multiplication des maisons de l'Oratoire & celle des Monasteres par rapport au temporel ; & que tout ce que l'on peut alleguer d'inconveniens à l'égard des derniers, ne fait rien pour les autres.

3. Enfin il est visible que les Decrets des Chapitres Generaux , qui défen-

dent l'érection des nouveaux Monasteres, ne nous regardent point, puisqu'il y
a autant de difference entre nos maisons
& les Monasteres, qu'il y en a entre des
Prêtres de l'Ordre du Clergé, & des
Religieux liez par les vœux solennels.

Je ne sçay, Messeigneurs, si vous ne
trouverez point une conduite particuliere de la Providence dans la con-
struction de cette conclusion Capitulaire, où il semble que Dieu ait permis
qu'il ne se trouve rien qui soit propre-
ment contraire à nôtre Congregation :
en sorte que si elle n'y étoit pas nom-
mée, on auroit tout sujet de croire qu'il
auroit été fait à l'égard de quelque
Communauté Religieuse. Ne nous sera-
t'il point permis, Messeigneurs, de nous
flâter de cette pensée, que Dieu pourroit bien avoir conduit ainsi les choses
par sa sagesse, afin que vous vous trou-
vassiez encore aujourd'hui dans vôtre
premiere liberté, & que nous eussions
la consolation de voir que vôtre conclusion Capitulaire du 1. Février, si
pleine de bonté pour nous, subsistant
encore en son entier, vous pouvez,

sans rien revoquer qui concerne l'Oratoire, vous en tenir aux premiers sentimens que Dieu vous avoit mis pour lui dans le cœur. C'est cette bonne semence qui nous donne la confiance de lui dire en nous adressant à lui dans nôtre affliction : * *Seigneur, n'aviez-vous pas semé du bon grain dans vôtre champ ? D'où vient donc qu'il y a de l'ivraye ? C'est sans doute l'homme ennemi qui l'y a semée.* Mais vous pouvez, Seigneur, l'arracher quand il vous plaira, vous qui êtes le maître de vôtre champ, & qui pouvez tout sur le cœur des hommes. Et nous vous demandons trés-humblement la lumiere de vôtre Esprit de verité, & en même tems la force & la douceur de vôtre charité pour travailler avec vous à l'arracher, en faisant connoître à vos serviteurs l'illusion du mensonge par lequel les semeurs d'ivraye ont voulu les seduire & les tromper ; & en faisant tellement triompher la verité, que nous ne blessions point la charité, qui nous est plus chere que toutes choses.

* *Matth.* 13. 27.

§. III.

Du dessein de l'établissement de l'Oratoire à Liege, de l'opposition des adversaires, & de l'entreprise du Magistrat de Mons dans son information.

IL seroit inutile, Messeigneurs, de vous étendre beaucoup pour vous exposer la maniere dont nous nous sommes conduits en travaillant à nous conserver la grace que vos Seigneuries nous avoient faite de nous admettre. Vous en avez été témoins.

Mais nous croions, pour vous rendre entierement compte de nôtre esprit, vous devoir dire qu'en ce qui concerne les établissemens, nôtre Congregation a soin de ne pas prevenir les desseins de la Providence. Elle est persuadée qu'elle n'y doit chercher que la gloire de Dieu & le salut des ames, & qu'elle seroit inutile, ou même un obstacle à l'un & à l'autre, si elle s'introduisoit quelque part par un empressement humain; au lieu de s'y laisser placer par la main de celui de qui seul doit venir toute la benediction que l'on peut esperer du travail.

Quand on ne songe point à l'appeller pour se servir d'elle, elle se contente de travailler dans les lieux où Dieu l'a mise. Quand on la sollicite de s'établir en quelque lieu, elle a soin de consulter par la priere cet Esprit de JESUS, qui, comme il est rapporté au 16. chap. des Actes, ne permit pas aux Apôtres d'aller en Bithynie, ni de prêcher en Asie, comme ils se disposoient de faire, & qui les obligea d'aller en Macedoine, lors qu'ils y pensoient peut-être le moins.

Ils ont taché de suivre les ordres de cet Esprit adorable au sujet de Liege. Vous savez, Messeigneurs, qu'il y a environ onze ans que vous vous trou-vâtes par le seul mouvement de vôtre bonté, disposez à nous appeller chez vous, & vôtre Registre est encore char-gé de l'Arresté Capitulaire qui en fut fait alors. Dieu ne permit pas que l'af-faire reüssit, & on n'a point vû que nous aions fait des efforts ou emploié des so-licitations pour nous introduire dans la

Ville , comme d'autres auroient pû faire.

L'Illuftriſſime Suffragant de Liege eut encore depuis deſſein de fonder une Maiſon de l'Oratoire dans la ſienne, Mais les Prêtres de l'Oratoire ne crurent pas que la Providence ſe declarât encore aſſez pour cet établiſſement.

Enfin vôtre Illuſtre Confrere M. le Baron de Surlet ayant deſſein de fonder dans vôtre Ville une maiſon de retraite pour ceux qui voudroient penſer ſerieuſement à leur conſcience , & pour ceux qui auroient à recevoir les SS. Ordres, il jetta les yeux ſur l'Oratoire pour l'établir dans cette maiſon. Il ſçait bien que cette penſée ne luy a point été ſuggerée par aucun des Prêtres de l'Oratoire , qui n'avoient point l'honneur de le connoître ; & le P. Picqueri leur Prevôt , à qui il eut la bonté d'en écrire , fut extremement ſurpris d'une propoſition à laquelle il ne s'attendoit en aucune maniere.

C'eſt ce qui lui fit croire plus aiſément que ce deſſein étoit de Dieu, & ce qui l'obligea d'y prêter l'oreille , de crainte de manquer aux desseins de la Providence sur le Corps dont elle lui a confié la conduite.

Vous n'avez pas oublié, Messeigneurs, de quelle maniere vous reçûtes la proposition de M. le Baron de Surlet, & si nous paroissons en parler un peu trop souvent, c'est que nous ne pouvons pas ne point estimer & ne point cherir beaucoup les témoignages si obligeans de vôtre bonté pour nous, & que rien ne plaide plus éloquemment nôtre cause devant vos Seigneuries, que ces mouvemens si naturels qui vous porterent à nous accorder sur le champ la grace que M. l'Archidiacre vous demandoit pour nous, & qui pour être naturels n'étoient pas indeliberez; puisqu'il y avoit tant d'années que vous les nourrissiez dans vôtre cœur.

Mais le 3. de Février fut un jour de nuages pour nous. On vous presenta, Messeigneurs, ce fatal Memoire qui parut vous changer tout à fait à nôtre égard, & nous changer nous mêmes dans vos esprits. Il n'est point venu jusqu'à nous ; parce que ceux qui en font les auteurs ont bien senti qu'il ne falloit que nous le montrer pour nous mettre en état de le détruire entiere-ment, & de faire retomber sur leur face la confusion de la calomnie dont ils vouloient se prévaloir. C'est pourquoy celui qui se chargea de cet ouvrage d'i-niquité, & qui en a conduit toute l'in-trigue, insista fort à dire qu'il ne le pre-sentoit point comme accusateur, mais seulement comme un donneur d'avis : prévoiant bien que s'il se fut declaré ac-cusateur, il auroit été obligé à la preu-ve, & que son Memoire devant en-suite être produit à la lumiere du jour, cette lumiere l'auroit confondu. C'est ainsi que *quiconque fait le mal, dit la Lumiere même, hait la lumiere & ne s'approche point de la lumiere ; de peur qu'elle ne le convainque du mal qu'il fait. Au lieu que celui qui agit selon la verité & son mouvement, s'approche de la lumiere, afin que ce qu'il fait soit connu : parce qui n'agit que par l'Esprit de Dieu.* S. Jean c. 3. 20.

C'est par cette même raison qu'en faisant tout ce que font les accusateurs,

sans

fans vouloir le paroître & fans courir
le rifque du fuccés de l'accufation , ils
vous prefenterent des témoins qu'ils
avoient tout prêts , en vous portant,
Meffeigneurs, à vous adreffer à M. l'Abbé de Lobbes & au Magiftrat de Mons.
Il y avoit déja long-temps que la partie
étoit liée avec quelques-uns de ce Magiftrat. On luy avoit fait faire l'été dernier les premieres démarches pour l'e-
xecution du deffein formé contre l'O-
ratoire, par une accufation calomnieufe
intentée contre une Fille Devote nom-
mée Jeanne Thomas , qu'ils ont tenuë
long-tems dans leurs prifons d'une maniere trés-dure & qu'ils auroient oppri-
mée entierement , fi les Prêtres de l'O-
ratoire par pure charité n'avoient pris
fa caufe en main , & obtenu du Confeil
privé de S. M. Catholique un Arreft
qui caffa toutes les procedures du Magiftrat,& tira de leurs mains,même fans
frais , cette pauvre fille qu'ils alloient
accabler pour faire enfuite tout retomber fur l'Oratoire. Celuy qui entreprit
cette affaire eft un Prêtre nommé Han-
noy frere du premier Echevin de Mons

C

l'un des plus ardents contre l'Oratoire.

Leur dessein ayant alors échoüé, le bruit qui se répandit dans Liege de nôtre établissement, leur parut une occasion favorable pour le remettre sur pied. Ils n'obmirent rien pour le traverser. Ils envoierent leur Agent à son Altesse, pour la détourner de donner son consentement à cet établissement, & pour noircir, s'ils pouvoient, nôtre Congregation dans l'esprit de ce Prince. Et dans la suite ils engagerent M. L'abbé de Lobbes à écrire une lettre contre nous. Nous n'avons point vû cette Lettre ; mais ce qui nous en est revenu du bruit public, est que sa déposition se reduit à un *oüi dire* de je ne sçay quelles accusations vagues & generales qui font partie de celles de Mons; & que ce témoin est contraint d'avoüer dans sa Lettre même qu'il ne connoît point ceux contre qui il dépose en une matiere de cette importance; qu'il n'a aucune habitude avec eux, & qu'il est étranger à leur égard. Vous avez trop de penetration, Messeigneurs, pour ne pas voir combien un tel témoignage est invalide & méprisable, & que rien ne fait mieux voir à quelle indigence de témoins il faut être reduit pour en produire un qui se reproche luy-même par sa propre déposition, & qui fait voir manifestement qu'elle luy a été suggerée par des personnes à qui il a peut-être livré sa confiance en les connoissant encore moins qu'il ne fait l'Oratoire. Nous prions Dieu de tout nôtre cœur qu'il daigne luy ouvrir les yeux & luy faire considerer serieusement en sa presence à quel peril un tel engagement l'expose, & combien il a sujet de craindre que celuy qui a dit, que nous serons jugez comme nous aurons jugé les autres, & mesurez à la même mesure, ne luy reproche un jour d'avoir jugé si legerement une Congregation entiere, & d'avoir fourni des armes & servi d'instrument à ceux qui entreprenoient de décrier ces Prêtres, & de les perdre de reputation par des calomnies visiblement concertées.

Pour ce qui est du Magistrat, nous n'avons garde, Messeigneurs, de vous imputer les fausses demarches & la conduite temeraire qu'il a tenuë dans toute cette affaire. En parlant ainſi de ce Magiſtrat, nous ſupplions vos Seigneuries d'être averties, que nous ſommes bien éloignez d'y comprendre tous ceux qui le compoſent aujourd'huy. Il y a de ce nombre, qui eſt de huit ou dix, des perſonnes fort ſages, fort chrétiennes & qui ont horreur de tout ce qui s'eſt fait ſous leur nom en cette occaſion, ayant reſiſté en face à ceux qui en ſont les auteurs, & qui s'étant rendus maîtres des affaires emportent tout malgré l'oppoſition des gens de bien. On eſpere que ces derniers voyant juſqu'à quelle extremité cette entrepriſe eſt portée par leurs Confreres, ſe perſuaderont que leur conſcience les oblige à faire connoître au public qu'ils n'y ont point de part, & que s'ils ſe ſont trouvez par l'obligation de leur charge *aſſis dans cette aſſemblée de vanité & mêlez avec ceux qui commettent l'iniquité,* ils deſavoüent les reſolutions injuſtes & emportées qui s'y ſont priſes.

La Lettre de vos Seigneuries à ce Magiſtrat ne peut être conſiderée que

comme un effet des artifices & de la dif-
fimulation des adverfaires , qui pour
vous porter à vous adreffer à luy , vous
ont fans doute fait entendre que la
conjonéture prefente de la guerre ne
vous permettoit pas de vous adreffer fa-
cilement à Monfeigneur l'Archevêque
de Cambray ; & outre cela vous ont caché les raifons qu'avoit l'Oratoire de
Mons de recufer le témoignage d'un
Magiftrat publiquement declaré contre
luy. Car fans cette double furprife vous
n'auriez eu garde , Meffeigneurs , de
quitter la voie canonique de vous infor-
mer de la doctrine & des mœurs d'une
Congregation de Prétres entierement
fujets à l'Ordinaire, pour prendre celle d'un Magiftrat civil ; & vôtre équité
vous auroit encore empêché de vous
fier touchant l'Oratoire à des témoins
auffi fufpects que ceux-là. Vous avez
de plus fuppofé à l'égard du premier
chef , que fe contentant de vous dire
bonnement leur penfée touchant certains faits dont ils pouvoient être témoins, comme de fçavoir fi l'Oratoire
de Mons étoit de l'Inftitut de S. Philip-

pe de Nery ; si le General reside en France , &c. ils auroient la sagesse , ou d'en demeurer-là, ou de s'adresser eux-mêmes à leur Archevêque pour ce qui concerne la doctrine & les mœurs de ces Prêtres.

Mais ils n'avoient garde de s'en tenir là : ils vouloient être maîtres de l'information pour la faire à leur gré , pour y pouvoir ajoûter tout ce qu'il leur plairoit , & ne pas manquer leur coup. Ils entreprirent dont sans se mettre en peine, ni de l'immunité Ecclesiastique , ni des droits de leur Archevêque , ni des Canons des Conciles , ni en particulier de celuy de Cambray de 1586. ni des Ordonnances de S. M. qui en apuye l'execution par son autorité Royale : ils entreprirent , dis-je , l'information qui est irreguliere en toutes façons. Car ils ont beau dire qu'ils se sont enquis de la verité *sans s'être aucunement émancipez par aucune information ni actes iuridiques de connoître de leurs mœurs & doctrine ; beaucoup moins les citer les Ecclesiastiques Reguliers & Seculiers) devant nous; mais simplement de sçavoir* d'eux la verité pour s'en servir pour le bien & repos public ; & rien plus. C'est une pitoyable défaite. C'est ajoûter l'insulte à l'attentat : c'est dépoüiller leur Archevêque & l'Eglise de leurs droits naturels, en leur protestant qu'ils ne prétendent pas les en dépoüiller : * c'est une protestation contraire à leur action, & qui ne fait rien selon le droit.

Car qu'appellent-ils donc une information, sinon une enqueste de la verité ; & qu'est-ce qu'une information juridique, sinon une enqueste faite par l'autorité d'un Magistrat, en faisant comparoître certaines personnes devant eux ou leurs Officiers, en les requerant de dire la verité, & en faisant recevoir les depositions par un Greffier d'office assisté de deux ajoints, comme a fait ce Magistrat. Elle n'auroit pas été si juridique, s'ils s'étoient informez verbalement par eux-mêmes : mais ils l'ont fait par leurs Officiers, afin qu'il ne manquât rien à la forme de l'ordre ju-

---

* *Protestatio facto contraria, quæ nihil operatur.*

diciaire. *Nous avons, disent-ils, appel-*
lez les Doyens, les Curez, les Superieurs
des Ordres Reguliers & les principaux
Theologiens d'entr'eux, & les avons re-
quis de nous dire la verité sur ces points.
Qu'auroit pû faire autre chose Monseigneur l'Archevêque : Et qu'y a-t'il là
qui n'ait tout l'air & tous les caracteres
d'une information juridique ? Qu'y
manque-t'il enfin sinon l'autorité, dont
le seul defaut en fait une entreprise visible contre l'Eglise.

Ils pretendront peut-être s'excuser
sur leur bonne foy. Mais comment le
pourroient-ils faire, eux qui ont commis cet attentat, ou au moins qui en ont
produit le fruit dans un acte signé de
leur Greffier, aprés avoir reçû les ordres du Roy qui les obligeoit à suspen-
dre toutes choses. Car cét ordre est du
20. Février, & leur acte du 4. Mars.
Mais il paroit bien que leur soûmission
à l'autorité Royale & leur respect pour
celle de leur Archevêque vont à peu
prés de même pied.

Outre l'irregularité & le vice de l'information dans son principe, il se trou-

ve encore qu'ils y ont procedé de la maniere du monde la plus injuste & qui découvre plus visiblement la passion, & le dessein formé de perdre ceux dont ils informoient. Car au lieu que dans une information faite de bonne foy , avec équité, & sans mauvais dessein, on reçoit aussi-bien les dépositions favorables, que celles qui ne le font pas , & qu'on doit également produire ce qui est à la charge ou à la décharge ; ces Messieurs n'ont produit, autant que nous en pouvons juger par leur Réponse , que ce qui alloit à noircir les Prêtres de l'Oratoire , & ont supprimé tout ce qui les justifioit au moins en quelques points. Car, par exemple, on sçait que le P. Fasseau Dominicain , qui d'ailleurs ne leur a pas peut-être été trop favorable en d'autres choses, a déclaré au moins que sur la matiere de la grace les Prêtres de l'Oratoire n'ont point d'autre doctrine que les Dominicains. Mais ils ont bien vû qu'un témoignage si positif effaçoit toutes les calomnies sur la matiere de la grace , dont ils vouloient remplir le resultat de leur information On est en-

core assuré que d'autres Ecclesiastiques
& Reguliers, qui ont apprehendé de se
faire des affaires en ne se presentant pas
devant le Greffier, ont deposé d'une
maniere favorable à l'Oratoire, ou au
moins ont déclaré n'avoir rien à dire à
leur charge. Tout cela se passe sous silence par cet équitable Magistrat. Tant
il y a peu de sureté, Messeigneurs, à se
fier à la bonne foy de ces gens-là. Tant
il paroît qu'ils n'ont eu en vuë que de
venir à bout du tragique dessein qu'ils
meditoient contre l'Oratoire.

Leur sincerité dans le rapport de leur
information est si grande, qu'il semble
à les entendre qu'il n'y ait eu personne
d'entre les Doyens, Curez; Ecclesiastiques ou Reguliers qui n'ait comparu &
deposé contre l'Oratoire. Et cependant
il est certain que le principal de tous n'y
a eu aucune part, c'est à dire M. Maes
Pasteur de sainte Elisabeth, Doyen de
la Chrétienté & Commissaire de Monseigneur l'Archevêque de Cambray
dans le Hainaut. Car loin de comparoître devant les Officiers du Magistrat,
il a protesté contre cette assignation &

convocation irreguliere : & si on avoit
communication des dépositions , on
trouveroit peut-être que quelques autres s'en font aussi dispensez , & que
plusieurs de ceux qui ont comparu, por-
toient sur le front des caracteres visi-
bles de recusation & de reproche.

Mais ce qui rend encore plus insupportable l'attentat de ces Echevins, c'est
que quelque protestation qu'ils fassent
& qu'ils ayent faite à M. l'Internonce
de S. S. aprés qu'on s'en est plaint pu-
pliquement, *de n'avoir point voulu porter la main à l'encensoir* ; ils font connoître eux-mêmes par leur Ecrit tout
le contraire de ce qu'ils disent , & il est
évident qu'ils ont voulu opposer leur
information à l'information de M.
l'Archevêque. Car ils reconnoissent
que ce Prelat avoit fait dés l'Eté dernier
(à l'occasion de l'affaire de Jeanne
Thomas) des informations au sujet des
Prêtres de l'Oratoire , & que ce Prelat
avoit par devers luy ces informations :
Nous nous sentons obligez, disent-ils,
*d'ajoûter que nous avons trouvé admi-
rable (c'est à dire fort étrange) que*

*le Seigneur Archevêque de Cambray
leur ait donné le certificat (dont ils
ne manqueront de se prévaloir en vôtre
lieu) aprés avoir vû auparavant les dé-
clarations que lui ont faites par ses ordres lesdits Ecclesiastiques.*

Ils savoient donc ces Messieurs. 1.
Qu'il y avoit une information faite par
M. l'Archevêque. 2. Que les Ecclesiastiques de Mons, c'est à dire, tous ceux
qu'ils ont citez pour comparoître de-
vaut eux , avoient envoié leurs Declarations à ce Prelat. 3. Qu'au moins
une de ces informations regardoient
l'Oratoire. 4. Que M. l'Archevêque
avoit par ce moien été informé de tout
ce qui se disoit de leur doctrine , de
leurs mœurs , & de leur conduite. 5.
Enfin qu'aprés cette connoissance pleine & juridique, aprés y avoir fait attention durant sept ou huit mois ; aprés
avoir consulté sa conscience & ce qu'il
devoit à la verité , ce Prelat s'est crû
obligé *d'affirmer & d'attester* par un
certificat en bonne forme , scellé de
son Sceau, souscrit de sa propre main,
& au bas par son Secretaire : *Que les*

PP. de l'Oratoire tant à Mons, qu'à Maubeuge servent fort utilement dans son Diocese ; Qu'il n'y a rien dans leurs mœurs & dans leur conduite dont on ait raison d'être blessé, & qu'ils font profession de n'avoir point d'autre doctrine que celle de l'Eglise.

Ils savoient tout cela ces Messieurs les Eschevins , & ils en rendent eux-mêmes témoignage. Et pourquoy donc, Messeigneurs , quand vous leur avez fait l'honneur de les consulter n'ont-ils pas eu recours à M. l'Archevêque, afin d'apprendre de la bouche de leur Pasteur , qui sans doute connoît ses brebis mieux qu'ils ne peuvent faire , & à qui rien de tout ce qui s'étoit dit des Prêtres de l'Oratoire par ceux qui ont déposé devant les Eschevins , n'é-toit inconnu , pourquoi n'ont-ils pas voulu aller à l'enquête de la verité par ce canal si naturel , & qui leur est don-né de Dieu ? Pourquoi par un attentat schismatique ont-ils foulé aux pieds son autorité & entrepris de faire par eux-mêmes une information ? Vous le touchez au doigt, Messeigneurs : vous

(62)

voyez bien que c'est parce qu'ils n'ont
pas crû ce qu'avoit fait ce Prélat , conforme à leur pernicieux dessein , qui
étoit d'accabler l'Oratoire par leurs
calomnies.

Cependant, ô Providence adorable !
Providence aimable ! qui veillez sur
ceux qui tâchent de vous servir dans la
simplicité de leur cœur , & qui savez
tourner à leur avantage tous les desseins
& tous les efforts de leurs ennemis : *
vous permettiez tout cela pour le faire
servir à justifier l'innocence de vôtre
Congregation. Car rien pouvoit-il
lui être plus avantageux que de voir
ses ennemis forcez à reconnoître que
leur commun Archevêque , aprés une
information fort exacte , aprés avoir lû
toutes les Declarations du Clergé Se-
culier & Regulier sur leur sujet , &
les mêmes Declarations sur lesquel-
les les Eschevins ont formé leur Réponse , n'y a rien trouvé contre ces Prêtres qui meritât d'étre consideré, & surquoi on pût former raisonnablement

* *Vos cogitastis de me malum , sed Deus ver-
tis illud in bonum.* Gen. 50. 20.

un jugement defavantageux à leur doctrine, à leurs mœurs, ou à leur conduite.

Car vous remarquerez, s'il vous
plaît, Meſſeigneurs, que ces Eſchevins
nous fourniſſent eux-mêmes la preuve
de ce fait, qui ruine entierement leur information ; *Leſdits Eccleſiaſtiques, diſent-ils, nous ont* LA PLUSPART *déclaré
qu'ils ne pouvoient mieux répondre qu'en
nous délivrant, comme ils ont fait, le
Duplicat des avis qu'ils avoient envo-
yez au Seigneur Archevêque de Cambray ſur ce même ſujet, & par ſes ordres.* Il ne nous en faut pas davantage
pour nôtre juſtification auprés de vos
Seigneuries, qui jugeront bien par leur
lumiere, par leur équité, par leur attachement à l'unité Epiſcopale, que d'é-
couter ſeulement quelques Eſchevins
contre des Prétres, ſur des accuſations
ruinées par le jugement de leur Archevêque, ce feroit appeller en matiere
Eccleſiaſtique d'un tribunal ſi ſacré, au
tribunal de quelques Officiers de Ville ; & autoriſer l'entrepriſe qu'ils font
paroître de vouloir oppoſer leur infor-

mation laïque à l'information Ecclefiaftique de leur Pafteur , & faire valoir
leur jugement au préjudice du fien, par
une entreprife qu'on ne peut pas s'empêcher d'appeller fchifmatique.

Il vous paroîtra fans doute , Meffeigneurs , qu'il feroit d'une trés-perni-
cieufe confequence pour l'Eglife & pour
l'autorité Epifcopale , de favorifer le
moins du monde ces premieres femences de revolte , qui vont à fapper par le
fondement l'immunité Ecclefiaftique,
& à expofer les Prêtres les plus innocens
à la vexation de ces fortes de perfonnes,
dont quelques-uns durant une commif-
fion d'une année ou deux , font quelquefois tentez de faire valoir leur pouvoir contre les Ecclefiaftiques ; & qui
peuvent donner de la hardieffe aux libertins ; qui feront bien aife d'avoir
une telle reffource , ou pour fe mettre à
couvert des jugemens de leurs Evêques, ou pour fe fortifier dans leurs en-
treprifes contre leurs Pafteurs & les autres Miniftres de l'Eglife qui ne les con-
duiront pas à leur mode & ne flâteront
pas leurs paffions & leurs dereglemens.

Enfin ce pernicieux exemple de ces
Eschevins, qui comme nous avons vû
se mêlent de contrôler la conduite
trés-canonique de leur Archevêque, &
osent contredire ouvertement le jugement qu'il porte des ouvriers que Dieu
lui a donnez pour cooperateurs dans sa
vigne ; cét exemple, dis-je, peut susciter
dans l'Eglise de ces sortes de murmura-
teurs hardis qui s'élevent contre l'autorité de leurs Superieurs , comme fai-
soient ceux que Dieu, pour nôtre instru-
ction , punit autrefois dans le desert en
des manieres si terribles, ou ceux dont
parle S. Jude Apôtre, & qui les appelle
dans son Epître canonique ; *Des mur-
murateurs qui se plaignent toûjours ,
qui suivent leurs passions , qui parlent
avec orgueil , & qui font leur Cour &
s'attachent aux personnes capables de
leur procurer quelque avantage temporel.* *

Murmuratores querulosi , secundum desi-
deria sua ambulantes , & os eorum loquitur su-
perba , mirantes personas quæstus causa. Jud.
Ep. v. 16.

§. IV.

Examen des accusations du Magistrat:
1. De leur nouvelle maniere d'accuser
l'Oratoire en lui imputant les faits des
autres sous le nom d'adherans. 2. De
la dévotion envers la sainte Vierge.

TOut ce que nous avons eû l'honneur de dire jusqu'à present à Vos Seigneuries seroit suffisant pour répondre aux accusations des Eschevins. Monseigneur nôtre Archevêque l'a aussi fait pour nous d'une maniere qui satisfera tous ceux qui ne cherchent que la verité. Vous y avez répondu vous-mêmes, Messeigneurs, * en déclarant aprés en avoir entendu la lecture, que vous n'y aviez point d'égard & que vous n'aviez point mauvaise opinion des Prêtres de l'Oratoire. En effet ces accusations & ces calomnies sont de la nature de celles qu'il suffit d'entendre pour les rejetter avec indignation, quand d'ailleurs on a quelque connoissance des

* *Ne quicquam sinistri de dictis Patribus* (Oratorii) *opinantes.*

perſonnes accuſées, & principalement ſi c'eſt un corps entier qui n'ait donné aucune occaſion d'en être ſoupçonné.

Pluſieurs neanmoins ne ſeroient pas contens, ſi on ne décendoit dans le détail ; & ceux qui les ont avancées ne manqueroient pas de dire qu'on n'a oſé les examiner en particulier. Plût à Dieu qu'il nous fût permis de les négliger, & d'imiter dans ces ſaints jours des humiliations & des ſouffrances du Sauveur du monde, le ſilence qu'il a gardé dans le tems ou la calomnie étoit plus déchaînée contre lui, & lui-même abandonné de tous ceux qui pouvoient & qui devoient parler en faveur de ſon innocence. Nous avons neanmoins la conſolation de l'imiter par d'autres endroits. Car il s'eſt défendu en pluſieurs occaſions contre la calomnie : & s'il a gardé le ſilence lors qu'il a fallu être ſacrifié comme la victime de nôtre ſalut ; il a parlé lors que comme l'Apôtre & le Prédicateur de la juſtice Chrétienne, il a été obligé de défendre la verité & de juſtifier ſa conduite. S. Paul & les autres Apôtres l'ont imité en ſe juſtifiant dans leurs Epîtres. L'Eglife auffi-tôt aprés leur mort a eu auffi un grand nombre d'Apologiftes qui l'ont défen-duë contre des calomnies dont une partie étoit fort femblable à celles que fouffre cette petite portion de l'Eglife que nous formons. Que fi nous fommes obligez de reprefenter l'injuftice & la calomnie, d'une maniere qui paroîtra peut-être un peu forte à quelques perfonnes de pietà, c'eft qu'il eft de la dignité de la verité & du zéle de la juftice de ne les pas défendre trop mollement. Nous tâcherons de reffembler à S. Eftienne, qui paroiffoit traiter fes accufateurs avec dureté, mais qui, comme remarque S. Auguftin, * *n'étoit dur qu'en apparence. Sa langue étoit rude; mais fon cœur étoit doux. Sa voix étoit forte; mais fa charité l'étoit encore plus. Il paroiffoit en colere; mais c'étoit pour leur falut.*

Mais avant que d'entrer dans ce détail il faut parler d'une maniere d'accu-

* *Sævire videtur Lingua ferox; cor lene. Clamabat & amabat: fæviebat, & falvos fieri volebat.* Aug. fer. 9. de div.

fer qui leur a paru d'un grand fecours pour enfl r leur libelle. C'eſt d'attri-buër aux Prêtres de l'Oratoire tout ce qui leur déplaît, pour ainſi dire, dans le genre humain. 1. En les accuſant de choſes qui ſe ſont paſſées en des lieux ou l'Oratoire n'eſt point établi, & où il n'a pas même aucune habitude. 2. En accuſant nommément des perſonnes qui ne ſont ni ſous leur conduite, ni de leur dépendance, & voulant neanmoins nous rendre reſponſables en leur pro-pre & privé nom de leur conduite & de leurs actions. Et 3. en donnant à l'O-ratoire *un parti*, une ſecte & *des adhe-rans*, qui ne ſubſiſtent que dans leur imagination. Comme ils peuvent faire ce parti auſſi nombreux qu'il leur plai-ra, ils peuvent auſſi luy attribuer tout ce qu'ils voudront; ſauf à en donner des preuves auſſi imaginaires que les faits & que le parti même.

Rien n'eſt plus commode à des ca-lomniateurs que cette nouvelle inven-tion, dont l'honneur eſt dû à ces Meſ-ſieurs, ou à ceux qui les mettent en be-ſogne. Mais rien n'eſt plus facile auſſi

que de refuter ces fortes d'accufations,
puifqu'il n'y a qu'à s'en mocquer, &
qu'il ne fe trouvera perfonne affez ennemi du fens commun, pour vouloir
obliger des gens accufez de cette maniere à fe mettre en peine de fe juftifier.

Telles font deux hiftoriettes qu'ils attribuent à deux de ces prétendus adherans au fujet de la devotion à la fainte
Vierge : une troifiéme d'une peniten-
te du P. Picqueri nôtre Prevôt ; une 4.
d'un Prêtre anonyme qui a été à Havré:
une 5. de M. Arnauld, ou d'un vieillard
qu'ils ont pris pour lui ; une 6. de deux
du prétendu parti de l'Oratoire, touchant la mort de J. Chrift ; une 7. d'un
Prêtre inconnu à qui ils font dire cette
impertinence, *que quand tous les Papes
& les Conciles défendroient le livre de
Janfenius, il ne laifferoit pas de le lire;*
une 8. de certains livres introduits à
Mons par leurs *adherans.* 9. Enfin ce
qu'ils difent de Binche & d'autres lieux
voifins, où ils prétendent que *ceux de
l'Oratoire enfeignent leur doctrine en fecret comme des myfteres cachez, faifant
à cét effet des affemblées nocturnes, y*

aggregeant des femmelettes ignorans.

Jamais y eut-il des accufations ou des dépofitions faites de cette maniere, ou fans nommer les perfonnes, ou fans fpecifier les faits ni leurs circonftances. S'ils nommoient tous ces prétendus adherans, peut-être ceux-ci rendroient-ils bon compte de ce qu'on leur impute, & qu'il fe trouveroit que tout cela n'eft que fauffeté & impofture. C'en eft un grand préjugé que cette maniere fi obfcure & fi informe de debiter des faits d'importance : car elle ne peut venir que de la crainte d'être convaincu de menfonge & de calomnie, ou d'une grande ignorance des circonftances des chofes dont on fait femblant d'être le mieux inftruit.

Et à l'égard du dernier fait ils le font fi mal, ou ils font fi peu de fcrupule du menfonge, qu'ils ofent attribuer aux Peres de l'Oratoire ce qu'ils prétendent qui fe fait à Binche, où ces Peres n'ont ni établiffement, ni habitude, ni connoiffances. En verité il faut qu'ils aient eû bien mauvaife opinion de ceux à qui ils ont envoyé cés fortes de dépo-

fitions , pour avoir efperé qu'ils les
compteroient pour quelque chofe.

Les cinq premieres hiftoriettes concernent le culte de la S. Vierge Mere de
Dieu; & elles font produites contre nous
par ces Meffieurs comme les feules
preuves qu'ils aient pû trouver pour
appuier la calomnie dont il nous chargent par ces paroles : *Quant au culte de
la fainte Vierge lefdits Ecclefiaftiques
ont dit qu'ils font ennemis d'iceluy, &
que le bruit commun eft tel. Et quoi
qu'ils prétendent d'en être les plus fideles
Miniftres & les feuls Serviteurs, c'eft
fauffement, comme s'eft vû en diverfes
occafions, notamment, &c.*

Nous vous fupplions, Meffeigneurs,
de vouloir bien vous fouvenir de ce que
nous avons eû l'honueur de vous expofer dans le §. I. de la pieté de l'Oratoire
envers la Mere de Dieu, & de voir s'il y
a moien d'allier une fi grande applica-
tion à l'honorer en toutes manieres
avec cette oppofition à fon culte, ou,
comme ils parlent, avec cette inimitié
dont ils nous accufent. Ils ont crû
qu'il falloit à quelque prix que ce fût
nous

nous rendre coupables de ce crime; parce qu'ils ont été perfuadez que rien
n'étoit plus capable de nous rendre
odieux aux peuples, qui ont toûjours eû,
& avec grande raifon, une devotion fort
tendre & fort appliquée envers celle
qui a enfanté le Fils unique de Dieu &
le Sauveur du monde. Ils ne fe font donc
mis en peine que de l'avancer hardiment, efperant que la calomnie fe fou-
tiendroit d'elle-même affez long-tems
pour l'effet qu'ils en vouloient tirer.

Mais vous admirerez, s'il vous plaît,
Meffeigneurs, dans cette accufation
deux chofes qui la détruifent entierement. La 1. Qu'en même tems qu'ils
nous décrient comme les ennemis du
culte de la Vierge, ils difent que *nous
prétendons d'en être les plus fideles miniftres & les feuls ferviteurs.* La 2.
Qu'ils ont été fi dépourvûs de toutes
fortes de preuves d'une accufation fi
horrible, qu'ils n'en ont pû aporter d'autres que 3. ou 4. hiftoriettes, qu'ils
n'ont ofé dire être arrivées à aucun de
la Congregation, mais feulement, comme ils le prétendent, à *leurs adherans.*

D

Par la 1. de ces deux circonstances on voit qu'ils ont été forcez d'avoüer que nous faisons une profession toute particuliere d'honorer la Ste. Vierge , parce qu'ils ont vû que ce qui avoit été mis dans le Memoire presenté contre nous à Vos Seigneuries, *Que nous ne la croi-yons pas Mere de Dieu* , avoit revolté contre les auteurs de ce Memoire tous ceux qui nous connoissent. Et avec rai-son : car quoi que nous soions bien éloi-gnez de nous croire *ses plus fideles mi-nistres ni ses seuls serviteurs* , par une aussi ridicule vanité & une aussi fausse pensée que celle qu'ils nous attribuent, il est vrai neanmoins que nous nous glo-rifions de luy étre attachez par la plus sincere devotion & la plus grande dé-pendance qu'on puisse avoir à l'égard de la plus sainte des creatures. Cela paroît assez par tout ce que nous en avons déja dit : & nous y ajoûterons , que quand on reçoit ceux qui entrent dans nôtre Congregation , la premiere chose qu'ils font, est de s'offrir à Jesus-Christ par une Priere ou Oblation qui est une espece de protestation d'une éternelle

fervitude envers lui ; & de faire à proportion la même chofe envers la fainte
Vierge en des termes qui ne pourroient
être ni plus forts , ni plus engageans.
D'ailleurs perfonne affurement n'a écrit
de la fainte Vierge d'une maniere , ni
plus fublime, ni plus tendre, ni plus
refpectueufe que nôtre trés-honoré
Pere le Cardinal de Berulle. Nôtre
P. Gibieuf Docteur de Sorbonne a fait
en deux volumes in 8. au Traité de la
Vie & des Grandeurs de cette incompa-
rable Mere de Dieu , d'une maniere qui
ne refpire qu'amour & que pieté envers
elle. Un autre nommé le Pere l'Archevêque en a auffi fait imprimer un in 4.
& l'on peut dire qu'aprés la pieté envers
Jesus-Christ on n'a rien plus à
cœur dans l'Oratoire que la devotion &
le culte de la fainte Vierge , que nous
entretenons en nous par la lecture de
ces Ouvrages.

Qu'ils amaffent donc des hiftoires
tant qu'il leur plaira, qu'ils en rem-
pliffent des volumes , qu'ils les attribuent à qui ils voudront , ils ne vien-
dront jamais à bout de perfuader aux

personnes raisonnables, qu'on puisse allier dans l'Oratoire l'inimitié du culte de la Vierge, avec toutes les pratiques qui y sont en usage à son honneur, & qui y ont plûtôt augmenté que diminué dans ces dernieres années. Il ne leur reste qu'une seule chose à dire: c'est que tout cela n'est qu'hipocrisie. Et s'ils ne l'osent dire ouvertement, il suit necessairement de leur accusation accompagnée de l'aveu d'une profession publique de pieté envers la Vierge. Car si on ne peut prouver cette opposition & cette inimitié, ni par les œuvres, ni par les paroles, il faut qu'ils l'ayent lûë dans nos cœurs. Mais ces bons Eschevins nous permettront de douter que le privilege de penetrer le fond des cœurs soit attaché à leur Magistrature, ou que leurs déposans ayent eu la clef des nôtres pour en découvrir les secrets.

Quant aux historiettes. La 1. d'un certain *adherant* qui monta en chaire pour contredire un Prédicateur qui venoit de prêcher à l'honneur de la Vierge: & la 2. d'un autre *adherant qui au* temps de *Procession de la sainte Vierge* s'est écrié en pleine assemblée : *A quoi bon cela, Dieu seul, Dieu seul :* il en faudroit sçavoir davantage pour connoître s'ils avoient raisõ, ou s'ils avoient tort. Car il n'arrive que trop souvent que des Prédicateurs ignorans se laissent aller à avancer en chaire des discours impertinens ou erronez , ou que les peuples de la campagne soient tentez de mêler des ceremonies superstitieuses dans leurs plus legitimes devotions.

Le Prêtre du prétendu *parti* qui étoit à Havré, & qui voyant au pied d'une image de la Vierge ces paroles : *Mater misericordiæ* ; dit que ce tître n'appartenoit point à la Vierge , avoit trésgrand tort s'il blâmoit l'Eglise de donner cét épithete à la Ste. Vierge , comme elle fait dans le *Salve*. Mais assurément il n'avoit pas procuration de l'Oratoire pour parler ainsi , s'il est vray qu'il l'ait fait. Souvent aussi on prend tout de travers les meilleures choses. Il a pû dire que ce titre ne convient pas à la Vierge dans le même sens que celles-ci conviennent à Dieu : *Pater mise-*

ricordiarum. Il a pû dire qu'autrefois le mot de *Mater* n'étoit point en cet endroit du *Salve* ; & qu'encore aujourd'huy ni les Chartreux , ni les Religieux de Cisteaux , ni peut-être d'autres ne l'ont point dans leurs Breviaires, & ne le chantent point dans leur Office , disant simplement : *Salve Regina misericordiæ.* Il y a toûjours du plus ou du moins dans ces sortes d'histoires. Mais quand à l'Oratoire , on l'y chante toûjours avec l'Eglise , & plus souvent qu'ailleurs , puisque c'est une des pratiques de cette Congregation de faire tous les Samedis à l'honneur de la Vierge une espece de Salut solemnel , qui commence en tout tems par le *Salve Regina , Mater misericordiæ.* Ils la regardent comme une mere pleine de bonté pour les pecheurs , mais ils n'ont garde de souscrire au partage que font certains devots , qui donnent à la Vierge la misericorde , & ne reservent à Jesus-Christ que la justice.

Si les Peres de l'Oratoire savoient où est M. Arnauld , ils auroient peut-être la curiosité de lui demander si c'est

lui qui étoit ce vieillard de qui a parlé
la cuisiniere que l'on met en jeu. Car
nos Eschevins le supposent , parce qu'il
leur plaît de le supposer. Mais qui que
ce soit qui ait voulu détourner cette
bonne femme de dire le Pseautier de S.
Bonaventure , il n'a pas fait assurément
un fort grand mal. C'est une piece que
le Cardinal du Perron * a desavoué: ,
comme n'étant ni approuvée ni auto-
risée par l'Eglise , & comme étant faus-
sement attribuée à S. Bonaventure , &
on peut dire que cette metamorphose
du Pseautier n'est pas digne de ce saint
Theologien. Car c'est une entreprise
de dangereuse consequence pour la Religion & contraire à la verité des Ecri-
tures , d'appliquer à la creature même
la plus sainte tout ce qui est dit de Dieu
dans les Pseaumes , d'attribuer à la
Vierge les plus belles propheties qui
nous aient annoncé & marqué le Sauveur , & d'éfacer ainsi la plus riche & la
plus vive peinture que le S. Esprit nous
ait faite des misteres de JESUS-CHRIST,
& des dispositions saintes & divines de

* *Replique au Roy d'Angl. p. 974.*

D iiij

son ame adorable, renfermées dans les Pseaumes de David. C'est une tentation trop ordinaire aux hommes dans leurs dévotions de préferer les pieuses fictions de leur esprit aux inventions de l'Esprit de Dieu ; de faux éloges de la Vierge, à ses veritables loüanges ; & des prieres faites avec peu de discretion, à celles de l'Eglise, qui en a des trésors inépuisables. Trouver mauvais qu'on desabuse sur cela les fideles peu éclairez, c'est estre amoureux de l'erreur, & ennemi de la vraie & solide pieté.

Si donc quelqu'un a trouvé de bonnes ames, mais peu instruites, qui croyoient que l'on pouvoit adorer la Ste. Vierge, & lui rendre d'autres honneurs divins, n'auroit-il pas été un prévaricateur des interêts de Dieu, ne l'auroit-il pas offensé griévement, s'il les avoit laissées dans cette erreur ? Ce ne peut-être qu'en ce sens qu'il aura dit à quelque personne, si l'histoire est vraye, *qu'elle honoroit trop la Vierge, & qu'elle luy rendoit des honneurs qui ne luy font pas dûs :* ce qu'aucun ne se souvient pas neanmoins d'avoir dit. Et si quelqu'une des penitentes a dit : *Je ne sçaurois avoir tant d'estime de la Vierge*, sans doute elle a ajoûté, *que de* Jesus-Christ. Et nos faiseurs d'informations pourroient bien avoir retranché ces dernieres paroles, qui font d'une méchante proposition, une verité de foy ; comme il a été verifié qu'ils les avoient retranchées d'une semblable proposition imputée à Jeanne Thomas, dans leur information contre cette pauvre fille devote.

Nous avons sujet de croire, Messeigneurs, que vous aurez de l'indignation contre ceux qui par une calomnie si noire & si mal inventée, osent accuser les Prêtres de l'Oratoire d'être ennemis du culte de la Vierge. S'ils n'osent plus dire qu'ils lui ravissent la qualité de Mere de Dieu, pour ne lui laisser que celle de Mere de Christ, comme il paroît par vôtre lettre qu'on l'avoit fait dans le Memoire presenté à Vos Seigneuries, c'est parce qu'on leur en a fait honte dans un Memoire imprimé contr'eux. Ils prennent maintenant un autre tour pour nous en charger, qui eſt de l'imputer à un Catechiſme de Malines qu'ils nous accuſent de debiter. Mais il eſt auſſi faux que nous debitions rien de tel, qu'il eſt vrai que nous ne ſavons pas même ce que c'eſt que ce Catechiſme, & que nous ne l'avons jamais vû.

§. V.

Des accuſations ſur la Grace, ſur la mort de Jeſus-Chriſt, & ſur pluſieurs Catechiſmes & autres Livres, &c.

LE Janſeniſme n'avoit garde d'être oublié dans la Réponſe du Magiſtrat : c'eſt une accuſation trop propre à calomnier ceux qu'on veut rendre odieux, pour ne s'en pas ſervir dans un Ecrit qui n'a point d'autre but que celui-là.

Il y a, diſent-ils, beaucoup de plaintes à leur charge en matiere de la GRACE CONDAMNE'E, *qu'ils tâchent de faire revivre par des Catechiſmes, Chanſons, & autrement : & generalement qu'ils veulent renouveller par leurs Diſcours & Livres icy publiés les*

cinq propositions de Janfenius , foûte-
nant qu'elles ont été mal condamnées ,
que fon Livre intitulé , AUGUSTINUS *,*
eft fort bon , & qu'il n'a été au pou-
voir du Pape de les condamner.

Ce qu'ils difent ici *des plaintes à nô-*
tre charge en matiere de la grace devroit les faire rougir de honte , pour
avoir fupprimé les témoignages qui leur
ont été donnez à nôtre décharge fur
cette matiere, comme nous l'avons déja remarqué. Car , fans parler de ce qui
n'eft pas venu à nôtre connoiffance , ce
que le P. Faffeau Dominicain leur a dit
pofitivement de nôtre doctrine fur la
grace, *qu'elle n'eft pas differente de celle*
de leur Ordre , devoit au moins leur
fermer la bouche fur ce point particulier. Où eft donc la bonne foy ? Où eft
l'équité ? & que peut-on attendre de
fincere d'une telle information ? Tout
ce qui fuit dans leurs paroles rapportées
eft ou indigne de réponfe , ou un tiffu
de menfonges , & on les défie d'apporter aucune preuve de ce qu'ils avancent
avec tant d'affurance. On pardonne
au Greffier ce langage fcandaleux de

Grace condamnée ; il ne sçait ce qu'il dit , & fait voir par experience que ce n'est pas à un homme de son métier de se mêler de recevoir des dépositions, ni d'écrire des lettres en matiere de Theologie. L'Eglise peut condamner & a condamné en effet des erreurs sur la matiere de la grace, mais elle n'a jamais pensé à condamner aucune grace : & tout ce qu'elle a condamné d'erreurs sur cette matiere , tout ce que les Papes Innocent X. & Alexandre VII. en ont prescrit dans les cinq propositions, nous les avons condamnées , nous les condamnons , & nous les condamnerons toûjours avec ces Papes, avec le Concile de Trente , avec toute l'Eglise. Nos Superieurs , qui sont les Evêques , étant contens de nous sur ce point & sur tout le reste de nôtre doctrine , c'est une temerité à ces Censeurs laïques d'oser ouvrir la bouche sur ces matieres à nôtre égard , sur tout aprés que Monseigneur nôtre Archevêque a parlé si avantageusement de la pureté de nos sentimens, par sa conduite à nôtre égard, & par des attestations authentiques.

Nous ne fçavons ce qu'ils veulent dire par ces livres publiez, ny par ces Catechifmes. Nous n'avons publié aucun livre fur ces matieres. Nous n'avons point enfeigné d'autre Catechifme que celui du Diocefe , & fi par ces chanfons ils veulent parler du *Catechifme en Vers* & des Cantiques de feu M. l'Abbé d'Heauville, comme ils le marquent encore plus clairement dans un autre endroit , en verité ce feroit un peu trop prétendre , fi ce livre a le malheur de leur déplaire, de vouloir que nous préferions leur gout à celui de feu M. l'Archevêque de Paris, de cinq ou fix autres Evêques , & d'une trentaine de Docteurs de Sorbonne ou de Louvain qui l'ont approuvé avec éloge , & qui en ont recommandé la lecture aux Fideles. Si c'eft donc , comme le veulent ces Meffieurs, une épreuve de Janfenifme, de fe fervir de ce Catechifme & de ces Cantiques , voila , & feu M. l'Archevêque de Paris, & fix Evêques , & tous ces fçavans Docteurs , declarez Janfeniftes par fentence du Magiftrat de Mons.

Voyons comment ils continuent: *Il a,*
disent-ils *, couru ici un Livre contenant
divers Traitez dont la doctrine n'étoit
qu'une pure défense desdites Propositions condamnées.* Ne semble-t'il pas
qu'ils ayent juré de parler toûjours par
enigme, & de ne nous nommer presque
jamais les choses par leur nom. C'est
une bonne marque pour ce Livre de ce
qu'ils nous en cachent le titre, & on
peut s'assurer par provision que ce qu'ils
en disent est un pur mensonge.

*Et ce qui fait le plus croire que lesdits
Peres retiennent cette doctrine dans
leurs cœurs, c'est qu'ils l'ont ci-devant
soûtenuë, & qu'ayant été condamnée, ils
n'ont pas voulu signer le Formulaire
d'Alexandre VII. quoique requis...*
Trois mensonges insignes. Car 1.
aucun des nôtres n'a jamais enseigné
les erreurs des cinq propositions. Qu'ils
citent des Livres, des Theses, des Ecrits
de Theologie de nos Professeurs, où
on l'ait fait ; c'est par-là qu'il en faut
convaincre le monde, & non pas par
les discours qui ne prouvent rien ; sinon
le contraire de ce qu'on vouloit. 2. Il

n'eſt pas vrai que l'on ait jamais *requis* en ce pays la ſignature du Formulaire, qui n'a été fait que pour la France. Si c'eſt étre heretique que de ne l'avoir pas ſigné, il n'y a point de Catholique, ni à Liege, ni en Flandres, ni en Eſpagne, ny à Rome même, où on ne l'a jamais fait ſigner. Jamais donc on n'a été ici en peine de refuſer la ſignature du Formulaire ; parce que perſonne ne l'y a jamais demandée. 3. N'ayant donc aucune preuve pour croire que nous retenions cette doctrine dans le cœur, vous voyez, Meſſeigneurs ; que c'eſt un jugement fort temeraire & tres-criminel de juger cela des Prêtres Catholiques; & une calomnie puniſſable , de les en accuſer publiquement.

Et on voit qu'ils ne reſpirent qu'une union entre ceux de ce parti , & non pas entre les autres qui obeïſſent à la défence & cenſure du Pape, pour leſquels ils ont un mépris & averſion, qu'ils ont MESME *témoigné contre l'Archevêque de Paris par des libelles imprimez : un de leurs Peres de Maubeuge ayant dit que le Pape n'étoit que l'Evêque de Latran.*

Jufqu'à-ce que l'on vous ait aporté des preuves authentiques de tous ces faits, nous avons, Messeigneurs, cette confiance en vôtre sagesse & en vôtre équité, que vous n'i ajoûterez aucune croiance. Ils ont composé ces accufations fort à la hâte, preffez qu'ils étoient de les envoier à Liege pour les emploier à leur deffein. Ils en rechercheront les preuves tout à loifir : & il y a sujet de croire qu'on les attendra long-temps. Nous pouvons cependant affurer trés sincerement vos Seigneuries, que nous ne connoiffons point de parti dans l'Eglife ; Que de nôtre côté nous vivons en paix & en union avec tout le monde autant qu'il dépend de nous; Que nôtre respect & nôtre foûmiffion pour nôtre S. Pere le Pape, en qui nous reverons la Primauté de l'Epifcopat, eft trés sincere & tres parfaite ; Que nous avons auffi une singuliere veneration pour l'Autorité Epifcopale dans tous les Evêques de l'Eglife ; faifant une particuliere profeffion de leur être foûmis comme à nos Superieurs. Enfin c'eft une si grande fauffeté qu'aucun de nous ait jamais ni écrit contre M. l'Archevêque de Paris, ni dit du Pape cette parole insolente qu'on attribuë à un des nôtres, que nous sommes assurez qu'on n'en peut avoir aucunes preuves.

Lesdits Peres & leurs adherans, disent ils un peu auparavant, *debitent que nôtre Seigneur* JESUS-CHRIST *n'est pas mort pour les hommes.* (Voila une accusation qui n'est pas legere, puis qu'il s'agit d'une heresie , & qu'on l'impute à une Communauté entiere de Prêtres: voici cependant , Messeigneurs , toute la preuve qu'on en apporte) *Etant arrivé que le Terminaire de sainte Vuaudru ayant préché le contraire , deux du parti de l'Oratoire on dit qu'il avoit préché une heresie.*

Y eut-il jamais temerité semblable à celle-là ? Quoi ? des Eschevins faire par leur propre autorité d'une Congregation tres-Catholique & reconnuë pour telle par tous les Evêques , un *parti* & une secte ! luy donner pour *adherans* des gens inconnus & invisibles, ou pour mieux dire , chimeriques ! faire dire à ces *adherans* toutes les heresies dont on s'avise, sans preuves, sans témoins sans même la moindre présomption ; & ensuite les attribuer à cette Congregation qui n'y a jamais pensé ! Seigneur, vous voyez le fond de nos cœurs, & vous savez que nous sommes inviolablement attachez à la doctrine que vous avez mise en dépôt dans vôtre Eglise. Grand Dieu ; *Soûtenez nous, Vous qui êtes nôtre Protecteur ; & delivrez-nous des calomnies des hommes.*

Non, Messeigneurs, nous n'avons jamais eu ces sentimens qu'ils nous imputent; jamais nous n'avons debité cette proposition erronée. Nous avons au contraire toûjours fait profession de croire avec S. Paul, que JESUS-CHRIST *est mort pour tous.* * Nous dîmes tous Jeudi dernier en celebrant à l'Autel la memoire de l'Institution du saint Sacrifice de l'Eucharistie, qui est elle-même la memoire de la mort du Sauveur, nous y dîmes tous avec une foy sincere & une consolation sensible, ces paroles du Canon, que JESUS a souffert la

* *Qui pridiè quàm pateretur pro nostra omnium que salute.*

mort , *pour nôtre salut & pour le salut*
de tous.

Nous eûmes encore le jour même
de la mort du Sauveur, la joie de trouver cet autre point de nôtre foy dans les
prieres que fait l'Eglise pour la conversion des heretiques * *O Dieu tout-puis-*
sant qui sauve tous les hommes , & ne
veut pas qu'aucun perisse ? N'avons-
nous pas droit aprés cela de traiter de
calomniateur quiconque osera nous
imputer les erreurs contraires ?

Ce qu'ils disent de differens livres
fort dangereux , qui , si on les en croit,
se debitent dans Mons par les adherans
du parti de l'Oratoire , est une suite des
erreurs qu'ils viennent de leur imputer,
& dont ils assurent que ces livres sont
pleins. Mais ne sont-ils pas admira-
bles ces Messieurs, de vouloir que l'O-
ratoire réponde de tous les livres qui se
debitent dans Mons, comme s'ils étoient
ou chargez de la Police , pour avoir
l'œil sur les marchandises de contre-
bande , ou commis par M. l'Archevê-

* *Omnipot. semp. Deus qui salvas omnes &*
neminem vis perire.

que pour empêcher le cours des livres
contraires aux bonnes mœurs ? Ce n'eſt
pas qu'il faille tenir pour mêchans tous
ceux que les Echevins nous font paſſer
pour tels. Ce ſont des Inquiſiteurs ſans
pouvoir & ſans lumiere. On peut juger
des autres par le Catechiſme en vers de
M. l'Abbé d'Heauville que nous avons
vû être approuvé par des Evêques &
des Docteurs, dont le jugement vaut
bien celuy de Meſſieurs du Magiſtrat.
On en peut juger par le Catechiſme
Hiſtorique M. l'Abbé Fleuri, dont la
pieté & la ſcience ſont connus en ces
pays par ſes ouvrages, & qui pouvant
avoir autant d'opprobations qu'il en
auroit voulu pour ce Catechiſme, s'eſt
contenté de celles de M. l'Evêque de
Meaux & de M. Pirot Docteur & Pro-
feſſeur de Sorbonne & Cenſeur des livres. Je dis la même choſe de celuy
*De la Foy, de l'Eſperance & de la Cha-
rité*, qui a l'approbation de M. Paſmans
Docteur en Theologie de la Faculté de
Louvain & Cenſeur des livres. Tous
ces Catechiſmes ont été trouvez ſi utiles pour l'inſtruction des Fideles, qu'on

ne croira jamais que des Ecclefiaftiques
& des Theologiens éclairez , qui les auront lus , en ayent pû parler , comme le
Magiftrat nous veut perfuader qu'ont
fait les dépofans : *Ils ont encore dit (ce
font leurs paroles) qu'une des chofes que
foûtient le plus tous ces defordres, eft une
multitude de Catechifmes en vers & en
profe, en forme de commentaires & hiftoires , notamment celuy de la Foy, de
l'Efperance & de la Charité, qui broüil-
le les efprits, &c.* Ce font eux-mêmes qui
les broüillent, en leur rendant fufpect les
livres les plus inftructifs & les plus utiles, pour favorifer la jaloufie de ces Docteurs de la loy , qui , felon le langage
du Fils de Dieu , * fe veulent faifir de
la clef de la fcience , & qui n'y entrant
point eux-mêmes la veulent encore fermer à ceux qui defirent y entrer.

Entre ces Catechifmes il y en a un
difent-ils, *qui porte pour titre,* compo-
fé par un Pere de l'Oratoire , *qui fe lit
du foir en cachet.*

Nous n'enfeignons point d'autre Catechifme que celuy du Diocefe; & nous

* *Luc.* 13. 52.

n'en connoiſſons pas même aucun qui ait été *compoſé par un Pere de l'Oratoi-re*; à moins qu'ils ne veüillent parler d'un *Manuel Chrétien pour toutes ſortes de perſonnes, & particulierement pour les pauvres & les gens de travail par un P. de l'Oratoire de* J E S U S, imprimé l'année paſſée avec approbation du Cenſeur ordinaire des livres. Si c'eſt ce livre qu'ils veulent marquer, c'eſt celuy dont un Magiſtrat de ville devroit être plus content, parce que les pauvres & les artiſans mal inſtruits étant ceux qui peuvent être plus à charge & faire plus de peine dans les villes, nuls livres ne meritent plus l'eſtime des Magiſtrats qui en ſont chargez, que ceux qui ſont faits pour l'inſtruction de ces ſortes de perſonnes.

Je ne ſçay ſi ce n'eſt point de ce *Manuel* qu'a voulu parler l'Agent des adverſaires, qui étant de retour de Mons à Liege diſoit par tout que les PP. de l'Oratoire avoient fait un Catechiſme plein d'erreur, & que M. le Prince de . . . . . y en avoit trouvé dix. Rien n'eſt plus faux que tout cela, comme on le fçait de la bouche même de ce Prince, qui a de plus répondu avec beaucoup de fageffe, que n'étant point Theologien, il ne luy appartient point de juger des matieres Theologiques, qu'il n'a que le Catechifme des trois Evêques, qu'il le lit & le trouve trés-beau, & qu'il l'apprend à fes enfans.

Ce que l'on ajoûte au même endroit des filles & des femmes à qui on enfeigne les myfteres de la grace & de la predeftination ; des Bibles en langue vulgaire qu'on fait gliffer dans la ville ; d'un de nos livres *contenant qu'il falloit mieux offenfer Dieu que fon Confeffeur;* du Nouveau Teftament de Mons que l'on debite, d'autres livres que l'on répand par tout : ce font ou des calomnies fi vifibles, ou des accufations fi impertinentes & dont on eft las de fe juftifier, que ce feroit abufer de vôtre patience, Meffeigneurs, de s'y arréter davantage. Ce que l'on voit dans tout cela de plus admirable eft qu'il ne tiendroit pas à ces Meffieurs qu'on n'introduifit dans le pays une Inquifition plus infupportable que les

plus rigoureuses , ou qu'ils souhaite-
roient allez qu'on les rendit eux-mêmes
les Inquisiteurs generaux , & les Juges
des Docteurs & des Evêques. Ils s'en
mettent même par avance en possession
en censurant hardiment , sous le nom
de leurs déposans , le jugement & la
conduite de ces Evêques & de ces Docteurs , & en décriant les livres qu'ils
ont le plus authentiquement approuvez
& dont ils recommandent la lecture
aux peuples , qui leur donnent aussi en
leur maniere leur approbation par le
fruit qu'ils en retirent & qui paroît
dans leurs mœurs.

§. VI.

*De l'accusation generale contre nôtre
conduite dans l'administration des
Sacremens , comme contraire à la
pratique communément reçûë.*

LE capital des accusations de ces
Messieurs roule sur l'administration
des Sacremens, sur laquelle ils commen-
cent par former cette plainte generale :
Qu'au

Qu'au fait de l'administration des Sa-cremens, lesdits Peres & leurs adhe-rans ont une doctrine toute contraire au commun des Religieux & des autres Prêtres, dont ceux-ci se sont plaints aux occasions, tant audit Seigneur Arche-vêque, qu'aux Puissances seculieres, & fait instance à ce qu'on y apportât le re-mede, disant qu'ils entendent d'une voix presque universelle du peuple, qu'il est troublé & inquieté par des nouveautez pernicieuses, & que cela est veritable.

Ces paroles contiennent 3. points. 1. La difference de nôtre doctrine d'avec celle du commun des Religieux. 2. La plainte qui en a été souvent portée à M. l'Ar-chevêque & aux Puissances seculieres. 3. La voix presque universelle du peuple qui en murmure & qui en est troublé.

Pour ce qui concerne le premier, il n'est pas difficile de voir qu'il répond à la lettre de Messieurs les Bourgue-maestres de Liege, à qui on avoit sug-gere cette demande : *Si la doctrine de ces Peres, & si leur conduite s'accorde avec la doctrine & la conduite des au-tres Religieux de vôtre Ville. Si leur*

E

pratique dans l'adminiſtration des Sa-
cremens de l'Euchariſtie & de la Peni-
tence eſt ſemblable à celle qui eſt com-
munément reçûë.

Nous ſommes par la miſericorde de Dieu trés-diſpoſez à regarder comme nos maîtres tous ceux qui ſont vraiment diſciples de JESUS-CHRIST , de ſa parole, de ſon Egliſe , de ſes Paſteurs ; & nous écouterons & imiterons ſur tout avec joie les ſaints Religieux, dont la vie eſt un Evangile vivant. C'eſt neanmoins quelque choſe d'aſſez nouveau , de renvoier les Confeſſeurs les uns aux autres , pour en recevoir la re-gle de leur conduite dans l'adminiſtra-tion des Sacremens:& particulierement de vouloir que les Ouvriers du Corps du Clergé ſoient obligez de ſe conformer aux Religieux qui ſont venus les derniers, & comme troupes auxiliaires, travailler à la vigne du Seigneur. Nous ſervons tous un même Maître ; & c'eſt de luy que les uns & les autres doivent apprendre comment il veut être ſervi, * & comment il ſe faut conduire dans

* 1. Tim. 3. 15.

sa Maison ; qui est l'Eglise du Dieu vivant, la colonne & la base de la verité.

Ce n'est donc ni les sentimens des autres Confesseurs, ni leur conduite particuliere qu'il faut suivre, mais les regles de l'Eglise & les Ordonnances des Evêques, que le S. Esprit a établis pour conduire & regir l'Eglise de Dieu. Nous pouvons dire neanmoins de tous les Confesseurs Seculiers ou Reguliers, ce que dit des auteurs qui ont écrit sur la Morale un grand Evêque de nôtre Province Ecclesiastique, dans les Maximes qu'il a dressées aux Confesseurs de son Diocese. C'est M. l'Evêque d'Arras (un des Comprovinciaux de M. nôtre Archevêque) & trente autres Evêques des plus sages & des plus éclairez, qui ont approuvé ses Maximes. ON *peut lire souvent avec fruit les nouveaux auteurs qui ont traité de la Morale,* dit-il en sa XII. Maxime : *on peut déferer à leurs sentimens : ce sont de bons guides, lors qu'ils suivent fidellement l'esprit des Peres, des Conciles & de l'Ecriture.* Car, ajoûte-t'il dans la

Maxime XXVII. LE CONFESSEUR *n'est pas le Maître : il n'est que le dispensateur du Sacrement. Il doit donc l'administrer selon les regles Ecclesiastiques, qu'il trouvera dans les Ordonnances des Evêques, dans les Peres, dans les Conciles, dans l'Ecriture. Les Casuistes (ou Confesseurs) peuvent bien porter le flambeau pour découvrir les veritez, & c'est dans cet esprit qu'on les doit lire, mais ils ne peuvent rien établir. Il n'appartient qu'à Jesus-Christ, & à ceux à qui il a donné la conduite de son Eglise, de le pouvoir faire.*

Il ne faut donc pas regarder dans l'administration des Sacremens, si on s'écarte de la pratique du commun des Confesseurs, mais si on s'éloigne des regles de l'Eglise. Et, comme dit admirablement M. l'Evêque d'Arras, dans sa Maxime VI. approuvée par cette espece de Concile de trente Evêques: *Il se faut bien garder de donner le nom d'usage de l'Eglise presente au relâchement que l'ignorance, la lecture des mauvais auteurs, l'interêt, & souvent même une molle & lâche complaisance* ne rendent que trop ordinaire à un grand nombre de Confeſſeurs.

2. Ce ſont ſans doute ces maximes de M. d'Arras, que Monſeigneur nôtre Archevêque ſon Metropolitain, a conſiderées quand on lui a porté des plaintes contre nôtre conduite. Il l'a trouvée conforme *aux Ordonnances des Evê-*
ques, & aux regles des Peres, des
Conciles & de l'Ecriture, & il a bien vû que les accuſations qu'on luy faiſoit contre nous, n'étoient fondées que ſur ce *relâchement trop ordinaire à un*
grand nombre de Confeſſeurs, auquel on donne trés-abuſivement *le nom d'u-*
ſage de l'Egliſe preſente. Ces plaintes ſuivies, non ſeulement du ſilence, mais de l'approbation poſitive, & par écrit, de nôtre Archevêque, ſont donc encore nôtre juſtification, & nous ſommes obligez à nos accuſateurs d'avoir par là rendu cette juſtification plus authenti-que, & à Meſſieurs du Magiſtrat de nous avoir fourni la preuve de nôtre in-nocence en voulant employer cette ac-cuſation contre nous.

3. Aprés cela vous voyez, Meſſei-

gneurs, que ces *nouveautez pernicieu-*
ses dont on nous veut faire croire que
le peuple est troublé & inquieté, ne font
rien moins que des nouveautez. Elles
ne font nouveautez qu'à ceux à qui
l'Evangile est nouveau, & que l'on n'a
jamais fait marcher que dans la voye
large qui meine à la perdition. La voye
étroite ne trouble & n'inquiete que
ceux qui aiment mieux la fauſſe paix
d'une habitude & d'une paſſion qu'un
Confeſſeur ne trouble point, que la paix
d'une bonne conſcience.

Cette *voix presque univerſelle du*
peuple troublé, est une pure fiction, &
on ſçait le contraire dans Mons. Mais
de plus, quand il ſe feroit répandu un
aſſez grand bruit ſur ce ſujet, il faudroit
examiner, ſi ce bruit ne ſeroit point
excité & répandu à deſſein par ceux qui
y ont interêt. Car toute forte de
bruit public n'eſt pas capable de faire
une préſomption, loin de pouvoir être
une preuve & un ſujet de condamnation. Ce qui fait dire aux Juriſconſultes
que le bruit commun qui eſt neceſſaire
pour donner lieu à decreter une in-

formation, ne suffit pas s'il est répandu par les envieux : *Actis instituta inquisitionis comprehendi famam , & quidem non ab æmulis disseminatam.* Or rien n'est plus facile que de répandre ces sortes de bruits, quand des personnes puissantes en ont un grand nombre à leur devotion. Enfin on se plaint aisément d'une conduite dans laquelle on ne veut point entrer : & c'est ce que fait le plus grand nombre à l'égard de la voye étroite : nôtre Seigneur JESUS-CHRIST nous assurant lui-même, *Que la porte large & la voye spatieuse est celle qui conduit à la perdition & par où entre le plus grand nombre. Et que la petite porte & le chemin étroit est celui qui meine à la vie, & qu'il y en a peu,* il ne dit pas qui y entrent, mais même, *qui la trouvent.*

Nous ne vous disons rien de nous-mêmes, Messeigneurs, & nous sommes persuadez que vous recevez avec joie de la bouche des Evêques ce qu'ils vous disent pour nôtre justification. Mais permettez-nous d'ajoûter à leur témoignage celui du Chef & du Pri-

E iiij

mat de tous les Evêques. Je veux parler du Pape Alexandre VII. que plusieurs de Vôtre Noble & Illustre Corps peuvent avoir vû autrefois Nonce du S. Siege en ces Provinces. Ce Pontife aprés avoir condamné & proscrit en 1659. l'*Apologie des Casuistes*, condamna encore en 1665. en particulier, par deux Decrets solennels, 45. propositions de morale, ausquelles le Pape Innocent XI. 14. ans aprés, en ajoûta 65. par le Celebre Decret de 1679.

Ces cent dix Propositions, répanduës dans un grand nombre de Casuistes, avant ces Decrets, servoient de regle pour la conduite des ames à un grand nombre de Confesseurs de deux sortes, dont il est parlé dans l'*Avertissement* ou Preface du livre de M. l'Evêque d'Arras : *Les uns demi-sçavans, lesquels aveuglez par la prévention de la lecture de quantité de mauvais Auteurs, & n'ayant jamais consulté ni l'Evangile, ny les Saints Peres, ont regardé des sentimens indignes d'un homme Chrêtien, comme ceux de l'Eglise...... Les autres moins éclairez,*

mais également prévenus , qui entraî-
nez par le torrent de la coutume , ont
crû qu'il suffisoit qu'une pratique fut
ordinaire pour être permise , & n'ont
point fait de difference entre le desordre
d'un abus , & la sainteté de la Religion...... Ensorte que *les habitudes les
plus infames , les occasions les plus criminelles , toutes sortes de pechez en un
mot , trouvoient des accommodemens,
pourvû qu'ils fussent autorisez par un
usage frequent du siecle , & sanctifiez
par la coûtume.*

C'est ce desordre & cet état d'un
grand nombre de Confesseurs qui ef-
fraya le Pape Alexandre VII. & qui
luy fit connoître & avoüer, * *Que cette
licence effrenée des Esprits croissoit de
jour en jour , & étoit déja allé si loin ;
que par ce moyen il s'étoit introduit in-
sensiblement dans l'Eglise une maniere
de raisonner sur la Morale , & de dé-
cider les cas de conscience , tout à fait
contraire à l'Evangile & à la doctrine
des Saints Peres , & qui ne pouvoit
manquer de corrompre entierement les*

* *Decret du Pape Alex. VII.*

mœurs des Chrétiens, *s'ils venoient à la prendre dans la pratique pour regle de leurs actions.* C'est ce qui alluma le zéle de S. S. & ce qui la porta à la condamnation de ces maximes pernicieuses. *De crainte,* dit ce Pape, *que la voye du salut, que Dieu, la souveraine Verité, dont les paroles demeurent éternellement, a déclaré être étroite, ne vienne à s'élargir, ou plûtôt à se détruire à la ruine des ames : Et afin,* dit encore S. S. *de détourner par sa solicitude pastorale les brebis que Dieu luy a confiées, de cette voye large & spacieuse qui meine à la perdition, & les rappeller au droit chemin.*

Voilà, Messeigneurs, dans ces paroles du Pape. 1. Qu'elle est la vraye Regle des Confesseurs, *l'Evangile & les Saints Peres.* 2. Que ce qu'on appelle quelquefois *la pratique communément reçûë,* n'est autre chose que le violement de cette Regle & un usage *contraire à l'Evangile & aux SS. Peres.* 3. Que ce violement & cét usage étoit si commun dés le tems de ce Pape, que les Chrétiens étoient dans un trésgrand peril d'en être corrompus. 4. Que les Confesseurs doivent en se conformant au dessein du Pape se roidir contre cette pratique corrompuë, pour empêcher que les fideles *ne la prennent par la regle de leurs actions*, & ne s'engagent dans la voye large de la perdition.

C'est tout ce que nous tâchons de faire, Messeigneurs, & en quoy consiste ce qu'on s'efforce de décrier en luy donnant le nom de *nouveautez pernicieuses*. Si le temps nous permettoit de produire toutes les attestations que nous avons en main des principaux Abbez, des Communautez les plus considerables, des Pasteurs & de plusieurs Personnes en dignité, il vous paroîtroit, Messeigneurs, qu'il s'en faut bien que tout le monde nous regarde comme des semeurs de *nouveautez pernicieuses*; ni que ce qu'ils avancent soit publié par la *voix presque universelle du peuple*.

§. VII.

Des accusations particulieres , & sur tout du Delay de l' Absolution.

LA condition des Confesseurs est bien à plaindre , à en parler humainement , puis qu'ils sont tous les jours exposez à voir condamner leur conduite sans pouvoir se défendre. Mais ceux qui les jugent sont plus à plaindre qu'eux , parce qu'ils se font à eux-mêmes plus de mal qu'ils n'en font aux Confesseurs , en les condamnant par un jugement qui ne peut être que temeraire. Il leur seroit aisé de l'éviter s'ils vouloient faire ces deux reflexions trés-aisées & trés-naturelles. La 1. Que tout ce qui se passe entre le Confesseur & son penitent , se fait dans un secret impenetrable à tout autre , & inviolable au Confesseur , qui doit plûtôt perdre la vie que d'ouvrir la bouche sur les choses qu'on a déposées dans son sein. La 2. Que l'on doit toûjours dans le doute prefumer en fa faveur. Car puis que c'eſt une regle du droit, de prefumer qu'une choſe eſt telle qu'elle doit être, on doit prefumer qu'un Confeſſeur fait ſon devoir, & qu'il agit ſelon ſa conſcience, principalement quand il eſt évident, qu'il n'y a rien à gagner en agiſſant ainſi, & qu'il y a quelquefois beaucoup de traverſes à eſſuyer : au lieu qu'en agiſſant par complaiſance, on en retireroit beaucoup de douceurs humaines. Quiconque preſume le contraire, preſume un fait qu'il doit prouver : parce que c'eſt encore une regle de droit : *Quod facta non præſumantur* : ſur tout des faits auſſi cachez que ceux de la confeſſion. Ces faits impenetrables ne ſe devant donc point preſumer, & ne ſe pouvant prouver, on ne juge gueres un Confeſſeur qu'on ne le juge temerairement.

C'eſt neanmoins ce que l'on fait au ſujet du delay de l'abſolution, ſur-quoi ſont fondées la pluſpart des plaintes & des accuſations particulieres qui ſe font contre nôtre conduite. Car ceux

quì le font n'ont que deux partis à prendre pour les soûtenir ; ou de prendre
qu'il n'est permis en aucune occasion de
differer ni de refuser l'absolution : ou,
en supposant qu'on le peut & qu'on le
doit, prétendre que nous le faisons sans
raison & injustement, quand il arrive
que nous le faisons.

Nous venons de voir que cette der-
niere pretention ne pouroit être fondée que sur un jugement des plus temeraires & des plus injustes que l'on puisse faire.

Et quant à la premiere, qu'il ne soit
pas permis de refuser ou de differer
l'absolution en certains cas, on ne craint
point d'avancer que c'est une erreur
tres-pernicieuse dans la Morale ; &
qu'elle est contraire à l'Evangile & au
pouvoir que JESUS-CHRIST a laissé
à son Eglise de retenir les pechez, aussi
bien que de les remettre, de lier les pecheurs autant que de les delier. Et comme il y a eu des heretiques qui dés les
premiers siecles de l'Eglise lui ont dispu-
té cette premiere partie du pouvoir des

clefs & de la promesse du Sauveur :
Quorum remiseritis peccata remittun-
tur eis : il semble que l'erreur contraire
ait été reservée à nos jours, où il s'est
trouvé des Casuistes assez ignorans &
assez hardis pour dépoüiller les Prêtres
du pouvoir de retenir les pechez , &
du droit que leur en donne ces dernieres paroles : *Et quorum retinueritis re-*
tenta sunt.

C'est ce que nous lisons dans cette
proposition 60. condamnée en 1679.
par le Pape Innocent XI. d'heureuse
memoire , & qui avoit été censurée dés
l'an 1653. par la Faculté de Louvain à
la requisition de l'Archevêque de Malines , avec plusieurs autres méchantes
maximes. *On ne doit ni differer, ni re-*
fuser l'Absolution à un Penitent qui est
dans l'habitude de pecher contre la Loy
de Dieu , de la nature ou de l'Eglise,
encore qu'on n'y voie aucune esperance
d'un futur amendement , pourvû qu'il
dise de bouche qu'il en a regret , & qu'il
propose de s'en corriger.
Le Pape Alexandre VII. en 1666.

en condamna une autre qui eſt la 42.
qui renfermoit la même erreur , & que
la même Faculté conſultée par l'Evêque
de Gand avoit auſſi cenſurée dés l'an
1657.

Tous les Eccleſiaſtiques connoiſſent
la celebre Ordonnance de l'Eminentiſ-
ſime Cardinal Grimaldi Archevêque
d'Aix , de l'an 1674. qui a été adoptée
par un grand nombre d'Evêques;& particulierement par M. l'Evêque d'Arras
& par les trente autres qui ſe ſont joints
à lui. Cette Ordonnance contient les
cas ordinaires auſquels les Confeſſeurs
doivent refuſer ou differer l'abſolution.
Il y a quinze cas , ou plûtôt quinze eſ-
peces qui marquent chacune pluſieurs
ſortes de perſonnes : comme ceux qui
ne donnent aucune marque de douleur
de leurs pechez , qui retiennent le
bien d'autruy , qui ont des inimitiez,
qui ſont dans l'occaſion prochaine de
pecher ou qui la donnent aux autres :
& la ſeptiéme eſpece eſt qu'il *faut dif-*
ferer l'abſolution à ceux qui ſont enga-
gez dans l'habitude de quelque peché

mortel jusques à ce qu'on reconnoisse en eux des marques d'amendement.

Tout le Clergé de France Assemblé en 1655. & 1656. avoit dés lors témoigné son indignation contre ces Confesseurs qui semblent *chercher des moyens, disent-ils, non pas pour exterminer les mauvaises habitudes des hommes, mais pour les justifier, & pour leur donner l'invention de les satisfaire en conscience.* C'est ainsi que parle cette Assemblée dans sa Lettre à tous les Evêques de ce Royaume-là, où ils ont fait par avance nôtre Apologie en parlant en ces termes des Confesseurs qui tiennent une conduite contraire à la nôtre ; *Nous avons été sensiblement touchez de douleur voiant la* FACILITE' MALHEUREUSE DE LA PLUSPART DES CONFESSEURS *à donner l'Absolution à leurs Penitens sous des* PRETEXTE PIEUX *de les retirer peu à peu du peché par cette douceur, & de ne les porter pas dans le desespoir, ou dans un entier mépris de la Religion. Car nous ne voulons pas croire qu'il y en ait d'assez méchans pour con-*

fiderer leur interêt particulier, ou celui de leurs Communautez, en la conduite de certaines perfonnes qui s'approchent fouvent du bain de la penitence, & ne s'y lavent jamais.

Cette Lettre du Clergé fervoit comme de Préface aux *Inftructions de faint Charles,* qu'il crût devoir publier en fon nom pour arrêter le torrent de *cette facilité malheureufe de la pluspart des Confeffeurs.* Ce Saint animé de l'efprit du Concile de Trente, qu'il avoit fait heureufement conclure, n'eut rien plus à cœur, & crût ne pouvoir rien faire de plus utile pour la réformation des mœurs des fideles, que de rétablir lé delay de l'Abfolution, dont il recommande avec inftance l'ufage aux Confeffeurs, *Jufqu'à ce qu'ils voioient,* dit-il, dans les penitences *des preuves certaines d'un veritable amendement.*

Ce remede que l'Affemblée avoit crû devoir appliquer au debordement des Abfolutions, irrita ceux qu'elle avoit voulu guerir, & leur fit enfanter l'*Apologie des Cafuites,* qui entr'autres méchantes propositions en contient cinq ou six contre le delai de l'Absolu- tion : Apologie qui fut foudroiée pres- que aussi-tôt par la plûpart des Evêques de France , & ensuite par le S. Siege Apostolique, c'est à dire , par le Decret d'Alexandre V I I.

Mais quelques Theologiens aiant renouvellé dans le Diocese d'Arras cet- te doctrine contraire au delai de l'Ab- solution , sur tout à l'égard des occa- sions prochaines & des pechez d'habi- tude. M. l'Evêque d'Arras se crut obli- gé d'en faire exprés une Censure le 7. Novembre 1675. par laquelle il con- damne sept propositions sur ce sujet, & *en declare la doctrine dangereuse , faus- se, scandaleuse, temeraire , tendante au relâchement du Sacrement de Peniten- ce, induisant une necessité aux Confes- seurs de donner des Absolutions injustes, temeraires , & precipitées ; manifeste- ment contraires à l'Evangile.*

Ce qu'il confirme encore par cette maxime, qui est la XXIII. *C'est une con- duite* ABOMINABLE *de ne refuser ou de ne differer jamais l' Absolution à un Pe-nitent , pourvû qu'il dise seulement de bouche , qu'il est resolu de s'amender, quoi que sa vie précedente & ses rechu-tes disent le contraire , & qu'il ait don-né nulles marques de conversion.* C'est aussi le sentiment de trente Evêques qui, comme je l'ay déja remarqué plu-sieurs fois, ont souscrit à la Censure, aux Lettres Pastorales, & aux Maximes de ce Prelat.

On pourroit faire voir la même do-ctrine & la même pratique du delai ex-pressement ordonné par le Rituel Ro-main & par beaucoup d'autres , par la pluspart des Evêques & des saintes Pé-res, & par les Livres d'Instructions Pa-storales. Mais étant obligé d'abreger, je me contenterai de vous rapporter, Messeigneurs , ce qui est marqué dans le Livre de vôtre Eglise intitulé, *Parochiale Leodiense,* fait & publié en 1592 par l'autorité de l'Evêque de Lie-ge Ernest , qui y prescrit aux Pasteurs cette conduite envers les pecheurs qui sont dans quelque mauvaise habitude.

Voicy en François ce qu'on met dans la bouche des Confeſſeurs à leur égard: *Mon ami , vous faites bien d'avoir , comme vous le témoignez, une bonne volonté de vous amender. Travaillez à la mettre effectivement en pratique , & ſouvenez-vous de cette parole d'un pieux Auteur: <u>Que l'enfer eſt plein de beaucoup de bons deſirs ; mais que le Ciel n'eſt rempli que de bonnes œuvres.</u> Prenez garde auſſi de ne pas abuſer de la patience & de la bonté de vôtre Dieu, & de ne vous pas amaſſer devant lui un treſor de colere , par l'impenitence & de la dureté de vôtre cœur. Animez-vous donc , & excitez vôtre cœur à la vraie cornoiſſance de vous-mêmes , de l'état de vôtre ame , & du danger où vous êtes. <u>Quand vous en ſerez venu là , & que vous vous ſentirez touché, & mieux diſpoſé que vous n'étes , revenez à moy , je vous recevrai avec la douceur & la tendreſſe d'un pere , & aprés vous avoir entendu , je vous donnerai l'Abſolution.*</u>

Je ne doute point, Meſſeigneurs , que vous ne jugiez , qu'aprés toutes ces

autoritez si venerables , c'est une temerité insupportable de faire un crime
aux Confesseurs du delai de l'Absolution , & ensuite d'avancer contr'eux
sans preuves des accusations vagues, generales & que l'on peut faire également
& avec autant de droit contre tout ce
qu'il y a de Confesseurs dans l'Eglise,
& que l'on a fait effectivement contre les plus saints Evêques , & particulierement contre Saint Charles , le
Restaurateur de la discipline de la Penitence.

Qui ne voit donc que c'est une pure
calomnie , ou plûtôt un amas de calomnies , que de dire comme ils font,
qu'*En particulier lesdits Peres & leurs
adherans dilaient ou refusent fort souvent de donner l'Absolution à leurs Penitens pour des pechez veniels, les met-
tant par là dans des abattemens , ren-
versemens, troubles & desespoirs; & cela sans causes, ni matieres , & contre la
pratique commune de l'Eglise, & sous
des pretextes , qui n'ont point d'autres
fondemens que le Jansenisme.*

Ne diroit-on pas que ces Messieurs

les Echevins, ou leurs dépofans , ont été du fecret de la Confeffion de tous les Penitens de l'Oratoire, ou qu'ils en ont fait information & dreffé procez verbal , pour favoir fi on a donné , refufé, ou differé l'Abfolution ; fi ç'a été *pour des pechez veniels , ou pour des pechez mortels ; fi ç'a été fans caufes & fans matieres , feulement fous des pretextes; & contre la pratique commune de l'E- glife.* Rien n'eft plus temeraire , ni plus méprifable que tout cela , aprés ce que nous avons rapporté ci-devant. Car c'eft vouloir penetrer un myftere impe- netrable.

Ils diront qu'on le fçait des penitens. Mais quelle injuftice , quand les peni- tens l'auroient dit , de croire plûtôt le criminel que le juge , & un juge pour qui eft la préfomption ; dont le juge- ment eft caché ; & qu'un fecret inviola- ble oblige de fe taire, & de laiffer triom- pher de fon innocence un pecheur, qui ne fera ni affez difcret pour garder luy-même le filence , ni affez humble pour avoüer que c'eft pour autre chofe

que pour des pechez veniels qu'on luy
a differé l'absolution.

Ils ont eu honte ces accusateurs, de
paroître condamner absolument le delay de l'absolution, & c'est pour cela
qu'ils ont mis en cét endroit, *pour des
pechez veniels.* Mais on ne sçait que
trop que ceux qu'ils font parler en
veulent generalement à cette pratique,
& qu'ils font bien éloignez de ne la
blâmer qu'au regard des pechez veniels, comme on le peut voir en trois
autres endroits. Dans le 1. ils disent
*qu'on refuse de confesser ou d'absoudre
des filles de chambres & autres, parce
qu'elles font obligées de vivre parmi des
valets, leur disant qu'elles font dans
des mauvaises maisons : & des servan-
tes de cabaret, &c.* Or quelque soin que
l'on ait eû de déguiser ces cas, il est aisé
de voir que ce n'est point pour des pechez veniels que l'on refuse l'absolution
à ces personnes, mais à raison de l'occa-
fion prochaine où on les croit engagées,
étant, comme ils disent, en *de mauvaises maisons.* Dans le 2. au sujet de l'o-
bligation

bligation de denoncer à l'Evêque ou Archevêque *follicitantes in confeſſione,* ce n'eſt point encore pour un peché ve-niel , mais pour le refus de ſatisfaire à ſon devoir dans une choſe importante, & pour ne vouloir pas obeïr à l'Egliſe & aux Papes. Dans la 3. ils diſent *que l'on met des empêchemens à la Commu-nion par des délais & refus d'abſolution.* Or il eſt viſible encore qu'il eſt ici que-ſtion d'autre choſe que de pechez ve-niels ; parce que quand on parle abſolu-ment de délai d'abſolution & d'obſta-cles à la Communion , on ne l'entend pas ordinairement des pechez veniels;& que quant au refus , il eſt encore moins pour ces ſortes de pechez legers.

Ils continuent: *Donc ils nous ont mar-qué beaucoup d'exemples fort circonſtan-ciez : divers penitens étans tombez en faute d'eſprit ; d'autres dans des mala-dies dont ils ſont morts peu aprés.*

C'eſt quelque choſe de fort bon ſens de nous vouloir faire accroire , que des gens à qui on auroit refuſé l'Abſo-lution *pour des pechez veniels ,* qu'ils

E

pouvoient ne point confeffer , en aient
perdu l'efprit , ou en foient tombez
malades. Il faudroit, fi cela étoit, qu'ils
euffent eu une difpofition fort prochaine à la folie & à la maladie , ou
que ces perfonnes fuffent extrémement
orgueilleufes.

Mais quand cela feroit arrivé aprés
un tel delay pour des pechez mortels ;
que nous veulent-ils dire Eft-ce qu'une
crainte frivole , & fans fondement,
de rendre malade un Penitent , ou de
lui troubler l'efprit , doit empêcher un
Confeffenr de faire fon devoir & d'o-
beïr à l'Ecriture , à l'Eglife , à la Tra-
dition dans les occafions & les circonftances qui lui font marquées : Doit-il
feulement penfer à cela ? Et n'eft-ce
pas une injuftice & en même tems une
extravagance vifible , de vouloir que
tous les Confeffeurs s'affuraffent, avant
que de faire leurs fonctions , de la difpofition de l'efprit ou du corps de ceux
qu'ils confeffent ? Quand S. Paul a differé l'abfolution à l'inceftueux de Co-
rinthe ; & bien plus , quand il l'a livré

(123)

à Satan, s'est-il fait à luy-même cette difficulté ; que ce delay & ce châ-
timent si terrible pouvoient lui faire
tourner la cervelle, ou lui causer quelque maladie ? Mais en verité il est bien
plus à craindre que les absolutions precipitées & indiscretes données à des pecheurs d'habitude, ne soient souvent
pour eux des absolutions meurtrieres ;
je ne dis pas seulement pour la vie de
l'ame & pour le salut éternel, comme
les SS. Peres l'ont dit si souvent, mais
même pour la vie & la santé de l'esprit
& du corps. Et il y a sujet d'apprehender qu'en recevant l'absolution indigne-
ment, aussi-bien qu'en recevant indi-
gnement le Corps & le Sang de JESUS-
CHRIST, il n'arrive souvent ce que
S. Paul nous a appris avoir été assez
commun de son tems à l'égard des com-
munions indignes : * *C'est pour cette
raison, dit-il, qu'il y en a beaucoup parmi vous qui sont malades & infirmes,
& que beaucoup même s'endorment du
sommeil de la mort.*

* 1. Cor. 12. 30.

F ij

Si on vouloit compter des histoires, on en diroit de plus veritables & de mieux circonstanciées que celles que l'on a inventées pour charger l'Ecrit d'accusations. Au dernier Jubilé une fille qui se confessoit à l'Oratoire de Mons , étant allée à confesse à un Religieux bien connu dans cette ville, apparemment pour le consulter sur une certaine affaire ; comme ce Confesseur ne convint pas de sentiment avec cette fille sur cette affaire, il lui dit brusquement qu'elle étoit damnée. De quoi elle fut si frappée , qu'elle en a perdit l'esprit , & qu'elle crie sans cesse qu'elle est damnée. On épargne le nom & l'Ordre du Confesseur : quand ils voudront on en dira jusqu'aux moindres circonstances.

D'autres , ajoûtent les accusateurs, *sont tombées dans des desespoirs, jusques à telle extremité , qu'une pauvre femme ayant été ainsi maltraitée & s'étant adressée à un Confesseur ordinaire (qui l'a ainsi declaré à son Superieur) & reçû de lui la consolation spirituelle, elle*

lui montra la corde dont elle avoit des-
sein de s'étrangler, si elle fut tombée à
un Confesseur comme elle avoit été la
premiere fois.

On peut bien s'assurer que ce premier Confesseur n'étoit pas de l'Oratoire ; puisqu'on ne le dit pas. Mais ce
sera sans doute quelqu'un de leurs adherans prétendus, & ils en doivent
répondre : ou plûtôt c'est un Confesseur imaginaire, & une histoire faite
à plaisir. Ou si elle est vraie, la femme
étoit apparemment folle indépendam-
ment de l'absolution. Car ne faut-il pas
l'être, pour prendre le dessein de se pendre faute d'absolution, dans une Ville où l'on sçait qu'elles se donnent à si
bon marché ? On ne l'est gueres moins
quand on se va imaginer, que quand il
arrive à quelqu'un de ces sortes d'acci-
dens, c'est toûjours faute d'absolution.
Pour l'histoire d'une femme disposée à
se pendre, en voici une autre d'un homme qui s'est pendu réellement. Il y a
environ quatorze ans qu'un homme
se pendit à Mons, & par malheur pour

l'Oratoire il demeuroit prés de leur Maï-
son. Ceux qui ne l'aiment pas ne man-
querét pas de dire par tout que cet homme se confessoit à l'Oratoire & qu'on
l'avoit porté au desespoir, sans doute par
un refus d'absolution : il le faut bien,
car on ne se pend plus que pour cela depuis quelque temps. Le Sr. le Roy autrefois Pensionnaire de la Ville & maintenant Greffier, qui a souscrit la Réponse du Magistrat, & a conduit toute cette affaire de l'information : ce Mr. le
Roy, dis-je, se mit fort en peine pour
sçavoir si cét homme se confessoit à l'O-
ratoire, & en avoit des preuves. Mais
toutes ses recherches n'aboutirent qu'à
découvrir que ce pauvre homme se confessoit ; non à l'Oratoire, mais aux
PP. Jesuites, & que le R. P. Pays étoit
son Confesseur. Je ne fais pas difficulté de nommer ce Pere & son Ordre ;
parce que je ne suis pas si temeraire ni
si injuste que de leur vouloir imputer
ce malheur, & que je ne crois pas que
personne s'avise de dire que ce fut faute d'absolution. Helas ! qui peut s'as

furer que la tête ne lui tournera pas :
& qui ne doit s'humilier fons la main
de Dieu à la vûë de ces funeftes acci-
dens pour en profiter ; au lieu de s'amu-
fer à en faire une matiere d'accufation
& d'infulte à ceux mêmes de fes freres
qui n'y ont aucune part.

§. VIII.

*De divers autres points d'accufations
qui ont encore raport à la Confeffion.*

ILs chargent les autres, difent les accufateurs, *de penitences exorbitâmes
& impraticables, dont ils fe trouvent
déconcertez.*

C'eft une calomnie : & on ne peut
produire aucune preuve de cette accufation, qui eft aufli temeraire que les
precedentes. Car comme les penitences
doivent être proportionnées aux pechez, à moins qu'on ne connoiffe ceux-
ci, on ne peut juger de celle-là qu'à l'a-
veugle. On s'attendoit qu'ils diroient
qu'on fait manger du foin aux penitens,

qu'on leur fait passer la nuit dans les ci-
metieres , qu'on leur fait prendre des
chemises toutes trempées en plein hi-
ver. Mais apparemment ils ont bien vû
que ces contes , debitez autrefois serieusement dans des libelles, n'ont servi qu'à
rendre ridicules ceux qui les avoient
publiez.

En verité nous avons bien moins de
sujet de nous reprocher de trop charger les penitens , que d'apprehender de
nous charger nous mêmes en les épar-
gnant trop. Car c'est le S. Esprit qui a
parlé dans le S. Concile de Trente,
quand il a prononcé cette Sentence terrible sess.14.ch. 8. *Les Prêtres du Seigneur doivent imposer aux pecheurs des
satisfactions salutaires & proportionnées à la qualité de leurs crimes; de peur
que s'ils viennent à conniver avec leurs
penitens , & qui les traitent avec trop
d'indulgence , ne leur enjoignant que de
legeres peines pour des pechez tres-
griefs , ils ne se rendent participans des
crimes d'autruy.*

Ils veulent , continuent nos bienfai-

teurs, qu'on releve les complices Eccle-
siastiques ou autres, mêmes de pechez
honteux, afin qu'ils fussent châtiez:
même refusent l'Absolution aux peni-
tens, s'ils ne les veulent declarer, & les
menaçent d'être accusez eux-mêmes à
l'Archevêque, s'ils persistent à ne les
point vouloir declarer, &c.

Ce qu'on dit ici de M. l'Archevêque
fait voir que tout ce qu'il peut y avoir
de vrai dans ces paroles obscures & en-
tortillées, c'est que quelqu'un enten-
dant en confession une personne qui auroit été sollicitée au peché par son Confesseur, il aura fait connoître à cette
personne qu'il y a des Bulles du S. Siege
qui obligent celles qui sont solicitées
de denoncer le Confesseur à l'Evêque,
ou de permettre qu'on le denonce de sa
part. Nos accusateurs n'oseroient dire
que ce commandement des Papes
n'oblige point. S'il oblige, celui qui
ne vouloit pas y obeïr manqueroit à
un devoir considerable. Et un Confesseur peut pour l'obliger de s'en acquitter, lui differer ou refuser l'absolution :

F v

d'autant plus qu'il y a sujet de craindre qu'une personne qui persisteroit à le refuser, n'eût quelque attachement criminel à celui qu'elle ne voudroit pas qu'on dénonçât.

Je ne sçay si je devrois rapporter ce qui suit dans ce libelle. Mais il ne faut pas qu'ils nous puissent accuser de l'avoir dissimulé. *De plus, disent-ils donc, aucuns ont dit qu'il est horrible d'entendre ce qui se passe au sujet du secret de la Confession, dont il ne doit avoir rien de plus saint dans l'Eglise.* Il est vrai qu'il n'y a rien de plus inviolable que ce secret ; & que rien ne seroit plus horrible que l'infidelité que les accusateurs veulent marquer par ces paroles. Mais c'est aussi ce qui rend plus noir & plus inconcevable cette calomnie. Car jamais il n'y en eût, si cette accusation n'en est pas une. Il faut que celui qui a dressé cet Ecrit ait été frappé d'un aveuglement terrible pour oser avancer une chose de cette nature & de la maniere qu'il le fait. Car s'il a apris de bône part, que ce qu'il dit se soit pratiqué par quelqu'un, a-t'il

pû se dispenser en conscience de le dé-
noncer, pour arrêter un abus si criminel, & d'une si pernicieuse consequence ? Et au lieu d'en écrire à Lie-
ge, d'où le remede a un si grand mal
ne pouvoit pas venir, ne devoit-il pas
par le zéle de la Religion & de l'honneur de l'Eglise accuser ce miserable à
M. l'Archevêque ? Mais il n'avoit garde de le faire. La confusion en seroit
retombée sur lui ; & il a plus apprehendé cette confusion temporelle qui auroit pû par la grace de nôtre Seigneur lui
devenir salutaire, qu'il n'a eu de crainte de la confusion infructueuse qu'il est
en danger d'en porter au tribunal invi-
sible de Dieu. Cette calomnie doit
donner une si mauvaise idée de ceux
qui la font, qu'elle suffit seule pour ruï-
ner toutes les autres : & il paroît qu'on
n'a pas seulement oublié Dieu quand
on a entrepris de l'avancer, mais qu'on
n'a pas même eû la moindre vûë de ce
qui pouvoit servir à la rendre vrai-sem-
blable, & à couvrir tant soit peu l'honneur des dénonciateurs mêmes.

Autant que cette accusation eſt ou-trée du côté du mal, autant l'eſt du côté du bien ce qu'ils diſent au ſujet de l'Eu-chariſtie, qu'on demande pour en approcher dignement autant de pureté qu'on en a aprés le Batême, & que par là on éloigne les Fideles de la ſainte Communion. Il n'y a rien à dire ſur cela, ſinon qu'il eſt tres-faux que l'on exige rien de ſemblable. On connoît par ſoi-même l'infirmité humaine, & on y condécend autant que la loy de Dieu & les regles de l'Egliſe le permettent. Nous ſçavons que la ſainte Euchariſtie n'eſt pas ſeulement une nourriture pour les forts, mais qu'elle eſt encore un remede pour les foibles ; & pourvû qu'une ame faſſe voir par ſa vie qu'elle hait tout peché & qu'elle en a ſurmonté les habitudes criminelles, on la porte à s'approcher de ce pain de vie qui fortifie nôtre ame contre les reſtes du peché.

Plût à Dieu que ceux qui s'imaginent que par une conduite exacte dans l'adminiſtration de ces deux Sacremens, on en éloigne les Fidelles, vouluſſent

un peu s'appliquer à confiderer les Pa-
roiffes qui font conduites de cette maniere. Ils y verroient des Pafteurs con-
tinuellement appliquez à leur devoir,
& qui par leur patience & leur zéle in-
fatigable, par leurs inftructions conti-
nuelles, & fur tout par une douceur
extrême, jointe à une fermeté qui n'a
rien de rebuttant, ont enfin gagné
le cœur de leurs peuples, dont ils font
tendrement aimez, & qu'ils font marcher avec joie dans une grande fidelité
à la loy de Dieu. Si ce font ces fideles
miniftres du Seigneur qu'ils nomment
nos adherans, nous nous eftimons heu-
reux d'avoir une telle focieté avec des
Saints, & nous la regardons comme un
gage précieux de la mifericorde de Dieu
fur nous.

Voila, Messeigneurs, ce
que nous avons crû être obligez en
confcience de reprefenter à vos Seigneuries, pour repouffer les accufations
que l'on vous a prefentée contre nous.
Nous proteftons devant Dieu qu'elles n'ont produit dans nos cœurs ni

aigreur , ni amertume contre ceux qui en font les auteurs. Si nous avons paru les picquer en quelques endroits, ç'a été pour les réveiller de leur assoupissement , & pour les obliger à considerer devant Dieu quel crime c'est que calomnier des Prêtres innocens ; la charité que nous avons pour eux ne nous permettant pas d'être indifferens pour leur salut. Plus nous les voyons animez contre nous , plus nous avons pour eux une veritable compassion , qui nous fait lever nos cœurs au Ciel & y adresser nos prieres pour en attirer la grace & la misericorde de Dieu sur leur aveuglement. Il est vray qu'il est extraordinaire , & que l'on a peine à concevoir comment des personnes à qui il reste encore de la foy , ont pû se laisser emporter à un tel excés, qu'aprés avoir épuisé toutes leurs calomnies, ils finissent en assurant que ce n'est *qu'un précis de ce qu'on leur a déclaré, & que s'ils ajoûtoient le bruit commun & les connoissances publiques & privées qu'ils ont de* MILLE CAS PARTI-

CULIERS, *il faudroit un volume.*
C'eſt-là ce qu'on appelle donner *mille*
coups à ſon ennemi, aprés luy avoir ar-
raché la vie & avoir trempé ſes mains
dans ſon ſang. Pardonnez-leur , Seigneur , parce qu'ils ne ſçavent ce qu'ils
font : & s'ils ne voyent pas combien
leur peché eſt grand, faites-le leur comprendre par la conſideration de la peine que vôtre Eſprit fit impoſer aux Ca-
lomniateurs des Prêtres & des Evêques,
par le Concile d'Elvire en Eſpagne ,
celebré avant celuy de Nicée : *Si quel-*
qu'un , dit-il , *impoſe de faux crimes à*
un Evêque , ou à un Prêtre , ou à un
Diacre, ſans pouvoir les prouver; qu'il
ne reçoive pas même la Communion à
la mort. Concil. Eliber. Can. 75.

Pour Vous, Meſſeigneurs, Dieu ſçait
quel uſage il a deſſein de vous faire
faire cette trés-humble Remontran-
ce , que nous avons pris la liberté d'a-
dreſſer à vos Seigneuries , & ce que fera dans vos eſprits cette juſtification.
Nous luy en abandonnons tout le ſuc-
cez , & nous nous abandonnons nous

mêmes aux ordres de sa Sageſſe , qui eſt bien differente de celle des hommes. S'il daigne nous juſtifier devant eux; nous l'en benirons , & nous tâcherons de faire ſervir à ſa gloire nôtre juſtification. S'il nous laiſſe dans l'humiliation, nous adorerons ſa juſtice , & nous ne laiſſerons pas de le ſervir : nous ſouvenant avec conſolation que ſelon le grand Apôtre on peut honorer Dieu par la mauvaiſe reputation , auſſi-bien que par la bonne : *Per infamiam & bonam famam :* & nous conſolant encore plus par la conſideration des ignominies & des humiliations de Jesus-Christ, qui ſont la gloire des Elûs & le ſalut du monde. Nôtre Congregation accuſée , pour ainſi dire , comme la chaſte Suſanne ſe contentera alors de dire à Dieu avec elle , Dieu * Eternel, *qui penetrez ce qu'il y a de plus caché , & qui*

* *Deus æterna , qui abſconditorum es cognitor qui noſtri omnia antequam fiant: tu ſcis quoniam falſum teſtimonium tulerunt contra me : & ecce morior , cùm nihil horum fecerim , qua iſti malitioſè compoſuerunt adverſùm me.* Daniël. 13 42.

connoiſſez toutes choſes avant qu'elles
ſoient : Vous ſçavez qu'ils ont rendu
un faux témoignage contre mon innocence : & cependant je peris, quoique
je n'aie rien fait de ce qu'ils ont mali-
cieuſement inventé contre moy.

Ce ſont les ſentimens où Dieu par ſa
miſericorde nous met envers luy. Et à
vôtre égard, Meſſeigneurs, nous n'en
aurons jamais d'autres que ceux d'un
trés-profond reſpect, & d'un deſir ſincere de rendre à Vos Seigneuries tous
les ſervices dont elles nous jugeront capables.

Ce 29 Mars 1690.

APPROBATION.

Imprimatur. A n t. R y s s a c k
Archipreſbyter Brux. libro-
rum Cenſor.

TEMOIGNAGE
DE

Monseigneur l'Archevêque
Duc de Cambray.

*Pour les Prêtres de l'Oratoire
de son Dioceſe.*

JACQUES THEODORE
DE BRYAS par la grace de Dieu
& du S. Siege Apoſtolique Archevêque Duc de Cambray, Prince du S. Em-
pire, Comte de Cambreſis, &c. Comme il convient de donner témoignage
de la verité quand on en eſt requis;
Nous à la Requête des Peres de l'O-
ratoire de Mons, affirmons & atteſtons
par les preſentes, que leſdits Peres, tant
à Mons qu'à Maubeuge, ſervent fort
utilement dans nôtre Dioceſe; qu'il
n'y a rien dans leurs mœurs & leur conduite dont on ait raiſon d'être bleſſé;

& qu'ils font profession de n'avoir
point d'autre doctrine que celle de l'E-
glise. En foy dequoi avons signé les
presentes, & muni du sceau du cachet
de nos armes & du contresigne de nôtre Secretaire. D o n n e' à Cambrai
dans nôtre Palais Archiepiscopal le
onze de Février seize cent quatre-
vingt-dix.

JACQ. ARCHEVESQUE
Duc de Cambrai.

Place du Cachet.

Par Ordonnance de Mondit Seigneur.

M. Haulain Secretaire.

TABLE
DES PARAGRAPHES.

Fin de la Table.